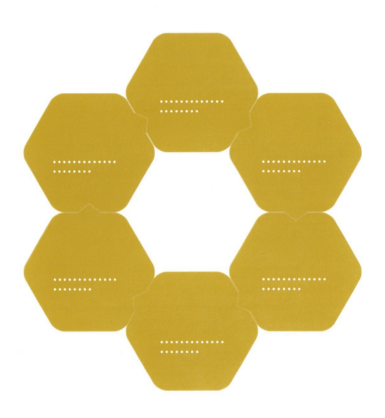

六众之路

创新产业孵化探索

主编 舒元　副主编 郑贵辉　徐容

版权所有　翻印必究

图书在版编目（CIP）数据

六众之路：创新产业孵化探索/舒元主编；郑贵辉，徐容副主编.—广州：中山大学出版社，2017.4
ISBN 978-7-306-05993-2

Ⅰ. ①六… Ⅱ. ①舒… ②郑… ③徐… Ⅲ. ①企业创新—研究—中国 Ⅳ. ①F273.1

中国版本图书馆 CIP 数据核字（2017）第 021839 号

LIUZHONG ZHI LU：CHUANGXIN CHANYE FUHUA TANSUO

| 出 版 人：徐　劲
| 策划编辑：王　润
| 责任编辑：邓子华
| 封面设计：刘　俊
| 责任校对：王　润
| 责任技编：何雅涛
| 出版发行：中山大学出版社
| 电　　话：编辑部 020-84110283，84113349，84111997，84110779
| 　　　　　发行部 020-84111998，84111981，84111160
| 地　　址：广州市新港西路 135 号
| 邮　　编：510275　　　　　　传　真：020-84036565
| 网　　址：http://www.zsup.com.cn　　E-mail：zdcbs@mail.sysu.edu.cn
| 印 刷 者：广州家联印刷有限公司
| 规　　格：787mm×1092mm　1/16　17.25 印张　350 千字
| 版次印次：2017 年 4 月第 1 版　2017 年 4 月第 1 次印刷
| 定　　价：49.00 元

如发现本书因印装质量影响阅读，请与出版社发行部联系调换

编委会

主　编：舒　元
副主编：郑贵辉　徐　容
编委会：耿雪辉　谢嘉生　韩海强　刘林茹
　　　　刘　攀　邓敬韬　刘　盈　张　磊
　　　　叶绍恩　刘婷宜　刘晓丹　王晓檬
　　　　唐　文　吴雨旦　李健超

推荐语

"大众创业,万众创新",重点在"创",核心是"众"。让每个人都有追求梦想的机会和实现梦想的通道,是一个时代进步的标志。作为"双创"理念的深化和延伸,众创、众包、众扶、众筹等新模式、新业态逐渐孕育兴起。《六众之路》在"四众"的基础上,创新性地提出"众智"和"众育"理念,以大量的理论探索和实践案例开拓出"六众"创新产业生态孵化的新路子。这条多元创新之径,既是中创集团自身发展壮大之路,更是扶持众多创业梦想者通往成功之路,对"双创"战略的推动实施具有积极的现实意义。愿读者能从书中找寻到开启自己创业之门的那把钥匙,在"六众"平台的支撑下脱颖而出,筑梦未来!

——刘军(中国建设银行股份有限公司广东省分行行长)

托马斯·彼得斯说:"距离已经消失,要么创新,要么死亡。"人类社会的历史表明,创新从来都是人类文化、文明生存与发展的主要支撑。在当今世界,创新更是时时处处与人类社会紧密相连。由中创产业研究院撰写,中山大学出版社出版的《六众之路——创新产业孵化探索》一书,正是创新创业的一部集大成之作,是我们了解创新、乐于创新、善于创新、成于创新的良师益友。

松下幸之助说:"非经自己努力所得的创新,就不是真正的创新。"中创产业研究院的舒元董事长,是著名的经济学教授,他率领自己的团队,历数十年风雨,花数十年心血,在理论与实践之间徜徉,在学术与产业之间纵横,开辟出"众创、众包、众扶、众筹、众智、众育"的"六众之路",这是对创新的创新,是一条全新的路,是他们自己的路,令人崇敬并心生感动。

谨以此短短数语,作为我对本书的推荐辞。

——杨灿明(中南财经政法大学校长、国家"万人计划"领军人才)

随着劳工成本的持续上涨,中国经济已经到达了刘易斯拐点,原来靠出口廉价产品来拉动中国经济的增长模式难以持续。中国经济能否长期保持一枝独秀、引领世界经济增长的关键是中国能否实现从简单增加各种投入要素的"粗放式"经济增长模式转变为提升企业全要素生产率的"集约式"经济增长。而创新是提升企业全要素生产率的关键。正如李克强总理高屋建瓴地指出,创新的实现需要做实"双创",即"大众创业、万众创新"。而双创在现实的实践中又有其深刻的内涵和外延。中创集团成功总结了其集团六载创新经验,不断探索创新理念,总结提出了其企业集团的创新"六众"理念,即"众创、众筹、众扶、众包、众智、众育"。并提炼结集成书《六众之路——创新产业孵化探索》。该书由中山大学舒元教授、中大创投总裁郑贵辉先生,海鳖众筹董事、执行总裁徐容女士联袂主编,内容丰富、观点新颖、理论联系实际。该书是一本有助于理解企业如何实现创新、如何保持核心竞争力的不可多得的力作,是企业家、政策制定者乃至理论工作者案头应备之书。

——余淼杰(北京大学国家发展研究院副院长、教育部长江学者、教授)

推荐语

此书讲述了一个用众创、众扶、众包、众筹、众智、众育"六众"体系撑起"创新、产业、国家、民族"情怀和梦想的故事！是一个创新产业孵化集团的成长史！双创时代，唯爱与信任不可辜负，唯梦想与奉献值得尊重！《六众之路》，以敏锐的前瞻性眼光、接地气的尝试与实践以及对现实诸多不足之处的拷问与探索，既有"敢为天下先"的实践精神与魄力，又有"创新、产业、国家、民族"之大节，是为创新创业时代的经典之作！我有幸见证这群可爱的创新创业者六年来的拼搏实践，他们实为华南乃至全国的佼佼者！仔细阅读品味本书，您一定会收获良多。

——崔毅（华南理工大学风险投资研究中心主任、工商管理学院教授、博士生导师、华南理工大学科技园董事长）

时值冬末，收到中创集团舒教授邀约为"六众之路"作推荐感言，趁圣诞假期之际，细细拜读大作，甚感欣慰国内创新创业发展既有广度速度，亦不乏深度。中创集团作为华南领先的创新产业孵化领军机构，对李克强总理倡导的"大众创业，万众创新"不仅有正确深刻的理解，并且结合新创公司，建立产业生态，积极创建发展六众平台，并大力推广，为国家经济发展，产业升级再造成长之路。

创新创业必须根植于教育、科研以及产业生态链。硅谷是创新创业的发源地，我们也积极地将硅谷经验带来中国，希望在未来几年能够看到华南地区创新创业的美好成果。本书介绍六众理念，从背景介绍、分析探讨、问题释疑，到建议方案都有具体阐述，不失为一本入门解惑，为有志开展六众生态平台的参与者的必备读物。

——赵光斗（德丰杰龙脉基金管理合伙人）

珠江畔，中大旁，创新谷，"六众"平台创新篇。

——王垂林（南方报业传媒集团总经理）

科技是第一生产力，创新是一个民族的灵魂。在科学技术发展日新月异、一日千里的当代社会，只有创新才能使一个民族屹立于世界先进民族之林。传统社会中创新更多的是一种自发的行为，而在当代社会，创新已成为一种社会自觉。中创集团历时六年，建成"六众"平台体系，为创新创业提供全方位、一体化的生态孵化服务，并首创"SRRS"（即种子 Seed、沃土 Rich soil、雨露 Rain、阳光 Sunshine）创业孵化模式，通过孵化优质科技及创新项目，培育规模产能企业、助推新兴产业集聚和传统产业转型升级，最终成为全国一流的、专门打造明星企业的平台及创新产业集群。中创集团把对创新创业孵化领域的耕耘、探索与思考集结成书，挖掘创新的生存土壤和背后的运行机制，打造创新之路上可供借鉴的标杆，立己达人，成人成己，分享共创，充分体现了中创集团"互助、利他、合作、共赢"文化理念，对于企业如何聚焦创新战略和提高生产力都将会有非常有益的启示。

——文健君（中欧国际工商学院专家、中国人民大学商学院 EMBA 客座教授、创捷供应链总裁）

中创集团出版的《六众之路》从众创、众扶、众包、众筹、众智、众育六个纬度深度探索创新产业孵化方法，为创业者提供了最接地气的创业指导并给出路径。这是一本既有可读性又有较强创造性的创业工具手册。

创业是什么？创业是找了方向找需求，找了需求做产品，做产品就得找钱，找到了钱就发现就缺的是人。钱、人和产品都齐了，马上就得找客户，找到了客户扩规模，规模大了管理又出现了问题，又得找人，找钱，找客户，这时产品又该创新了。这样周而复始大概就是创业！

所以我坚定地认为：人与人之间唯一的差距就是学习力！说学习力决定一切毫不过分。因此，提升学习力才是我们真正的核心竞争力。

我们坚信创业者学会并娴熟运用"六众"工具，通过持续提升学习力，把创业当作一种信仰，一定会铸就你的成功创业之路。

——杨俊平（金桥资本董事长、金桥商学院院长）

创业成功永远是小概率事件，很多时候都是随机、偶然、不可测的。而那些能够降低创业成本、提升创业成功率的创业教育、市场分析、资源对接、技术支持及投融资渠道等，却也是创新创业公司最难获取、又最亟需的资源。《六众之路》中的"六众"体系，创新地解决了这个问题：众创、众扶、众包、众筹、众智、众育，形成体系化的资源池，为创新创业企业提供系统的全方位支持。这一创新体系的构建对创业孵化、资源整合有更现实的社会意义，而构建这样的体系，需要的不仅是眼光与魄力，还需要更多的奉献与拼搏！本书在创业投资及系统服务方面的实践探索，是社会创新创业者的福音！

——陈宇（聚秀资本合伙人）

《六众之路》以中创集团在众创、众扶、众包、众筹"四众"基础上进行众智、众育的创新实践为主线，分享了其用六年时间精心打造的"六众"创新创业生态服务体系，独具匠心，引领未来。本书不仅有理论分析，还有大量的行业数据及实践案例，为推动我国的创新创业，尤其是科技创新，加快围绕科技创新而开展的科技金融、科技众包、科技孵化等服务体系完善及水平提升,加速科技成果转化并为传统产业转型升级、打造社会发展新引擎,起到了很好的加速作用!值得全社会创新创业及相关行业学习和借鉴!

——汪斌(北京高精尖科技开发院院长)

序（一）

我所认识的舒元

黄达人

近日，收到我校原岭南学院、国际商学院院长，现广东中大创业投资管理有限公司董事长舒元教授主编的《六众之路》书稿。书中记载了舒元及其团队探索"大众创业、万众创新"的历程。舒元希望我能为这本书作序。由于书中比较多地采用经济学的理论和术语，还大量引用了自己实践的案例，虽然能够感受到作者为了让更多的人了解和学习"六众"已经努力写得通俗的良苦用心，但对我这个外行人而言，"隔行如隔山"，实在是没有能力去评价这本书。同时，作为曾经的中山大学校长，我对于舒元本人是熟悉的。在我卸任校长一职以后，我们还分别就大学院校两级管理和创新创业教育的问题进行过两次较深入的专题交流。在交流的过程中，他多次提到目前在做的这些事情，对我有很多的启发。我愿意说说我所认识的舒元，可能有助于读者更好地理解这本书。

我所认识的院长舒元

舒元教授先后担任过中山大学岭南学院和国际商学院的院长，都做得很好。他在岭南学院担任院长期间，与学院董事会相处融洽；在本科教学方面，他尽心尽力地推动教育改革和教育的国际化。在2015年学校春季工作会议上，我曾应邀给全校中层干部做了一个关于人才培养的专题报告。我就提到，最近学习了岭南学院的《岭南本科教育改革报告》，在认真读完以后，深为感动。岭南学院从舒元院长到徐信忠院长，一直有着重视教学的传统，是我们学校教学改革的一面旗帜！

学校组建国际商学院，他是创院院长，国商的气质里面可能更多的是打上了舒元的烙印。他给我印象深刻的有两个方面：一是体现了院长的价值。当时，学校在珠海校区选择了几个整建制学院试点"新机制"，把生均经费、行政运行经费等打包给学院，给予学院更大的财务和人事自主权，以此来探索与办学综合效益挂钩的校院两级预算管理模式。作为院长，舒元非常认可这种预算管理的模式。他还根据农村插队的经历总结了三句话：包工（计件）糊弄，日工（计时）磨，奖励出好活。为此，他制定了很多措施，奖励教学和科研，有效地提高了学院的综合效益。同样是把钱分给学院，如何用得好，考验的却是院长的能力。二是延续了他在岭南学院的教学改革，把通识教育与专业教育相结合，重视宽口径、厚基础培养。学生在大学一、二年级打通培养，学习人文课程和经济管理基础知识，学生在大学三年级可在学院自由选择专业，没有名额限制，没有学习成绩限制。学生根据自己兴趣爱好、特长和社会需求来选择专业，提高了学生学习的积极性和主动性，有利于学生个体素质的塑造，并为学生的长期发展奠定坚实的基础。上述教育改革，取得了显著的成效。考虑到国际商学院是一个全新的学院，舒元院长又为大学二年级学生增设了职业发展课程。鼓励学生参加心理测试和性格测试，了解自己的性格特点。邀请学术专家、政府领导、跨国公司人力资源经理、企业家、运动员冠军来分享人生发展和职业发展的经验和感悟，使学生

序（一）

在学术研究、公务员、中外企业、创业和社会工作等职业发展方面，思考自己的发展目标和选择，撰写个人的职业发展规划，并自主选择专业和课程。同时，鼓励学生在寒暑假参加社会实践，在了解社会的同时了解自己，进一步明确自己的职业发展方向和规划。从历届毕业生来看，国商学生的就业质量在全校都名列前茅。经过几年的发展，国际商学院已经成为相当有影响力的学院。

我所认识的经济学家舒元

作为经济学家的舒元长期从事现代经济学和增长经济学的教学和研究，他指导的博士生有两人获得了理论经济学"全国百篇优秀博士论文奖"。离开院长岗位以后，舒元继续做着他的经济学研究，只不过，他的研究更重视从理论研究向实践转变。他认为，中国的经济学家们需要更多地了解实体经济和企业的运作，更加接地气一点。他坦言，与企业打交道多了，对很多问题的看法与原来关在象牙塔里不同了。比如，他认为，现在大学的游戏规则是鼓励发表高层次的国际论文，而关注和研究中国经济和产业的成果却没有地位。又如，他说，如果没有真正参与创新创业的实践，对大学生的创新创业教育只能是浮在空中的一些知识和概念。他认为，创新创业教育要有创新企业家的参与。对于任何一个创业项目来说，从萌芽到发展壮大，需要多层次的资本市场来对接和扶持，这大概也是他成立中创集团的一个初衷吧。

在他担任中大创投的董事长后，观察到的一个值得深思的现象：在创办中创的时候，当时的管理团队主要是中山大学的校友，现在接触的许多创新团队很少是"985""211"高校的毕业生，中山大学的学生更偏好去银行等收入稳定的单位工作。他认为，造成这一现象的原因是，我们目前在人才培养方面过分地追求分数。所谓好学生，就是考试分数高。学生为了获得高分，不断去练习、反复去记忆考试所涉及的教材内容，把课堂以外可以参与的活动和实践、可以学习的许多知识和技能都放弃了。结果，一味追求高分，求稳害怕有闪失，养成了不敢冒风险的性格，严重影响了创新精神和创业热情。我认为，如果这种唯分数论的考核方式不改变，培养创新创业人才是很困难的。

而舒元最让我佩服的就是有一股子闯劲。作为中山大学的名教授，在不做院长以后，本可以功成身退，但是他居然组织了一些校友，积极调动各种资源，为"双创"探索出一条道路，对广东省的创新创业起了良好的示范引领作用。我想，他自己就在努力践行着这种"双创"精神。这种具有舒元特质的"双创"精神，是其在中山大学担任岭南学院院长并创办国际商学院这20年间不断开拓创新、追求卓越精神的延续。

是为序。

2017 年 1 月 12 日

（作者为中山大学原校长、第二届国家教育咨询委员会委员、广东省科协主席）

序（二）

邓天佐

改革开放以来，中国经济增长依赖要素投入拉动，持续多年保持高速增长，全社会国民经济总量，已然跃居世界第二，仅次于美国。然而，在经济高速发展的同时，也带来了资源与环境难以承受的沉重代价。近年来，许多地区雾霾频现已成为常态，尤其是今冬十二月份中下旬，北京及其周边地区，历史上首次启动雾霾红色预警。即使高污染企业、扬尘施工场地严格停工限产，但能见度仍不足百米。多条高速公路关闭、机场起降受限。北京机动车单双号限行，幼儿园、学校被迫放假，人们的日常生活受到严重影响。中国经济靠要素驱动发展已走到尽头，必须加快转向创新驱动发展之路。

为推动中国经济从要素驱动走上创新驱动发展道路，国家制定了创新驱动发展战略，出台了一系列深化科技体制改革，鼓励大众创业万众创新的政策。国务院有关部门和北上广深等城市、地区相继发布了配套措施强力推进落实。"双创"俨然成为当下政府和社会，贯彻落实创新驱动发展战略的代名词。一时间，车库咖啡、创客空间，成为社会流行热语与具象行动，具有政府背书支持的创新创业大赛亦热度不退，在全球经济持续低迷，我国经济中高速增长成为新常态趋势下各地努力尝试去杠杆、压库存、限产能，迈向企业脱困、产业升级、经济转型的道路。

客观地讲，这是一条极具挑战和充满艰辛的探索之路。一大批勇敢无畏的创新创业者，已然倒在了"双创"这条遍布荆棘、坎坷崎岖的奋进路上。眼看着一个个创客之都、创客之城，呼啦啦风生水起，转瞬间，又似多米诺骨牌式地接连倒掉，悄无声息地偃旗息鼓。即使是那些在创业路上跌跌撞撞闯过来的幸运儿，也多半被各种政策和市场上的风刀霜剑割琢磨砺得遍体鳞伤。这既是适应经济转型升级，实践创新创业，人生历练成熟必须要付出的代价，也是我们探索认知经济规律的必经之路。在"双创"的实践道路上，不存在些许侥幸事，也没有任何捷径可捡择。成功只青睐于善于学习思考，能够认知并把握住客观规律，有充分准备的人士。中创集团正是这样的一个团队。由中创产业研究院编著的《六众之路》一书，真实客观地记录并反映了中创集团创新创业的路径，他们在实践摸索中归纳总结提炼出了独有的"六众"体系。正是如此涵养培育出了中创集团勃然的生命力。他们在艰辛探索中，体会到"双创"不仅要走众创、众扶、众包、众筹之路，还要在"四众"的基础上，集众智，聚众育，以"六众"为平台，相互融合融通，结成网络的科技金融产业化生态体系环境，从而打通了科技成果转移转化通道，打造出创新高地，创造了股权投资价值发现洼地，形成债权融资安全区。在这个完整的生态体系中，不仅可以看到他们如何围绕产业链，部署创新链；围绕创新链，完善资金链；三链融合发展的思路与做法，还能够观察到他们着力于对接国内外的创新源头，积极为创新链搭挂软梯，使最新的科技研发成果能够在创业孵化基地落地生根，为孕育催生新的产业链，探索和尝试科技成果资本化产业化的新的路径与模式。他们基于产业链，提升企业的创新能力，打造培育产业领袖的做法，也使人耳目一新。

《六众之路》一书，不仅有清晰可考的实践路径，有丰富的案例剖析，构成了完整的理论体系，更有对"双创"发展的前瞻和政策建议。无论是对

序（二）

政府政策的修定，政策效果的检验与考核，还是对创新创业者，认识把握"双创"规律，减少创业失败风险，提高成功率，都具有实际指导意义。对于科技创新成果资本化产业化，和企业或产业孵化，以及股权投资者，也是一本必读的书籍。

以上文字权作为我读此书之心得体会，谨供参考。

2016年12月26日

（作者为中国科技体制改革研究会科技金融税收促进专业委员会会长）

序（三）

杨 军

自李克强总理2014年9月在夏季达沃斯论坛上发出"大众创业、万众创新"的号召，国务院相继印发《关于大力推进大众创业万众创新若干政策措施的意见》和《关于加快构建大众创业万众创新支撑平台的指导意见》，掀起了全国"双创"热潮，"四众"平台如雨后春笋蓬勃兴起。当下，"双创"已成为我国经济发展的新引擎，"双创"也成功激发了民族的创业精神和创新热情，有效推动了中国经济结构调整和产业转型升级。

近年来，广东省大力支持建设创新创业服务平台，不断优化创新创业生态，涌现出一批科技"众创、众包、众扶、众筹"优秀典范，在"双创"大潮中广东再一次勇立潮头。全省拥有科技企业孵化器634家，其中国家级孵化器61家；众创空间428家，其中纳入国家统计的众创空间共178家，数量居全国首位；广东特色的"众包、众扶、众筹"平台也在不断涌现。朱小丹省长在"全省科技'四众'促进'双创工作现场会'暨'双创'活动周部署会"上指出：广东省要加快科技众创、众包、众扶、众筹广泛应用，推动各类创新要素资源集聚、开放、共享，实现产业链、创新链、资金链、服务链的深度融合，在更大范围、更高层次、更深程度上推进大众创业、万众创新，推动我省形成新的产业业态和经济增长点，打造广东经济发展新

序（三）

引擎。

创新创业，尤其科技创新，只有与产业的深度融合，才能最终为社会发展做出应有的贡献。"四众"作为新模式、新业态，对科技及其他领域的创新创业向产业发展转化起到了重要推动作用。

中创集团，秉承"聚集资源、创新产业、互助利他、合作共赢"的核心价值观，经过近六年时间的创新与探索，以"创新、产业、国家、民族"为己任，将"四众"平台服务体系上升到"六众"，构建了"众创、众包、众扶、众筹、众智、众育"六大平台，发展成为一个独具特色的创新创业综合生态的产业集团，成为全省乃至全国的行业翘楚。其通过整合资金链、孵化链、服务链、政策链以及产业链，从思想、资本、人才、技术、空间、媒体等多维度，更好地推动科技及其他领域的创新创业向产业方向发展，具有划时代的重要意义。

本书作为中创集团实践与探索的结晶，通过对体系构建的心路历程、众多实操案例等的深度剖析，揭开了一个独特的创新创业综合生态的产业集团的成长之路，让人耳目一新；同时，本书对于政府、相关行业的企业、社会大众共同推动创新创业以及产业转型升级的实践与探索，具有重要指导和借鉴意义！值得细细品读！

2017年1月6日

（作者为广东省科学技术厅副厅长）

目　录

第一章　六众——开启社会创新的新纪元 ……… 2
一、中国为何没有创新圣地 ……………………… 4
（一）发达国家"创新圣地"的发展历程与现状 ……… 5
（二）中国社会创新环境 …………………………………… 7
（三）中国在创新路上存在的障碍 ………………………… 8
（四）创新—创业—产业（0—1—n） …………………… 9
二、六众，开启社会创新创业新纪元 ……………… 11
（一）从"四众"到"六众"——中创集团"双创"工作的探索与发展 …………………………………………… 11
（二）"六众"平台简介 ………………………………… 15
（三）"六众"生态孵化体系的先进性及对创新产业发展的现实意义 ……………………………………………… 21

第二章　众创 ………………………………………… 26
一、众创的时代背景、内涵和意义 ………………… 26
（一）"众创"产生的时代背景 ………………………… 26
（二）"众创"的内涵 …………………………………… 27

（三）"众创"的意义 ···································· 29
二、众创众生相 ··· 30
　　（一）创业的过程 ···································· 30
　　（二）创业者的标准 ·································· 31
　　（三）创业者的精神 ·································· 32
　　（四）创业公司的基本标准 ···························· 36
　　（五）创业公司的价值维度 ···························· 37
　　（六）"众创"与产业 ································· 45
三、存在的问题及建议 ··································· 46
　　（一）我国产业发展过程中所面临的问题 ················ 46
　　（二）对我国产业发展的建议 ·························· 48
四、中大创投的探索与实践 ······························· 50
　　（一）中大创投简介 ·································· 50
　　（二）中大创投的投资理念 ···························· 50
　　（三）中大创投的探索 ································ 51
　　（四）中大创投的线下实践 ···························· 52
　　（五）总结 ·· 56

第三章　众扶 ··· 58
一、小微企业现状与众扶 ································· 58
　　（一）经济结构调整下，小微企业狭处逢生 ·············· 58
　　（二）众扶平台成为推动小微企业发展新模式 ············ 59
二、众扶的意义 ··· 59
三、众扶平台的种类与运营模式 ··························· 60

（一）公众互助众扶 …………………………………………………… 60
　　（二）社会公共众扶 …………………………………………………… 60
　　（三）企业分享众扶 …………………………………………………… 61
四、众扶的现状 ……………………………………………………………… 61
　　（一）参与主体单一，缺乏市场基因 ………………………………… 61
　　（二）企业缺乏开放性，企业众扶有待提高 ………………………… 62
　　（三）政府公共信息资源开放程度不足 ……………………………… 62
　　（四）公众互助众扶文化氛围还未形成 ……………………………… 63
五、众扶平台商业模式研究 ………………………………………………… 63
　　（一）西门子中国研究院高科技企业化中心（TTB） ……………… 63
　　（二）中国双创在线（www.shuangchuang.org.cn） ………………… 65
　　（三）创业沙拉（startup salad） …………………………………… 66
六、云珠沙龙——中国首个跨界创新众扶平台 …………………………… 68
　　（一）背景和介绍 ……………………………………………………… 68
　　（二）跨界创新众扶：从一场艰难的公益开始 ……………………… 69
　　（三）云珠沙龙众扶平台生态建设 …………………………………… 77
七、众扶与社会创新 ………………………………………………………… 82
　　（一）积极推动公众互助众扶，培育创新氛围 ……………………… 82
　　（二）建设实现数据共享平台，实现中小企业供给侧改革 ………… 84
　　（三）打造政府、行业组织、企业联动的跨界创新众扶平台 ……… 85

第四章　众包 …………………………………………………………… 90
一、"众包"的前世今生 …………………………………………………… 90
　　（一）国内外研究综述 ………………………………………………… 90

（二）"众包"的特征 ··· 91

二、"众包"商业模式的发展 ·· 92
　　（一）众包商业模式介绍 ··· 92
　　（二）众包商业模式对比 ··· 96

三、众包平台运营实例 ·· 97
　　（一）需求发布 ··· 98
　　（二）服务人员分级 ··· 101
　　（三）项目监管 ··· 102
　　（四）运营管理与盈利模式 ···································· 104
　　（五）庖丁技术成功扶持的企业案例 ························· 106

四、未来展望 ··· 107

第五章　众筹

一、众筹——"双创"时代的奋勇前行者 ······························ 110
　　（一）"双创"时代背景下的众筹 ······························ 110
　　（二）国外众筹发展概况 ······································· 111
　　（三）国内众筹发展概况 ······································· 114

二、众筹行业发展新趋势 ·· 119
　　（一）众筹服务领域不断扩展 ·································· 119
　　（二）金融科技助力众筹服务升级 ···························· 126
　　（三）单一服务到生态化服务 ·································· 129

三、海鳖特色的众筹新探索 ··· 133
　　（一）VC基因——与生俱来的优势 ························· 133
　　（二）业务——收益权众筹 ···································· 134

（三）风控——"VC + 传统金融" ·· 135
（四）系统——拥抱新技术提升服务能力 ···························· 136
（五）服务——全生态模式探索，打造众筹产业化升级 ········ 137

第六章　众智 ··· 144

一、众智——"民间智库"的产生与实践 ································ 144
（一）智库和民间智库 ·· 144
（二）民间智库的产生和发展 ·· 146
（三）民间智库的特征 ·· 147
（四）民间智库的实践 ·· 148

二、"众智"新探索——中创产业研究院 ································ 154
（一）中创产业研究院的起源 ·· 154
（二）中创产业研究院的结构 ·· 156
（三）中创产业研究院的发展模式 ···································· 156
（四）中创产业研究院的研究案例 ···································· 158
（五）中创产业研究院其他部分成果 ································ 164

三、众智的未来发展之路 ·· 176
（一）吸引人才聚集，加强多方合作交流 ························ 176
（二）提升研究质量，加强推广宣传 ································ 177
（三）推进创新驱动，促进创新产业的发展 ···················· 178

第七章　众育 ··· 182

一、创新驱动实质为人才驱动 ·· 182
二、教育是发展的源力驱动 ·· 183

  （一）创新人才培育方式 ·· 183
  （二）基础培育需要创新人才体制机制 ························ 184
  （三）提高创新人才转化 ·· 186
  （四）传统商学院面临的问题 ···································· 187
 三、中创学院——众育平台 ·· 189
  （一）专业的终身学习平台 ······································ 192
  （二）三大助推协同造力 ·· 193
 四、生态发展模式 ·· 195
  （一）"产学研政金媒"一体化的教育模式 ·················· 196
  （二）以人为本的教育模式 ······································ 197
  （三）教育与实业相结合的实用模式 ·························· 198
 五、办学特色 ·· 199
  （一）立足于行业的课程定制及权威名师组建 ·············· 199
  （二）打造人脉圈层，培养产业思维 ·························· 200
  （三）孵化平台的后备支持 ······································ 201
  （四）社会的认可及政府的支持 ································ 202
 六、与 EMBA、MBA 等传统教育的区别 ························· 202
 七、未来发展愿景 ·· 203
  （一）培育产业实战者，打造华南第一商学院 ·············· 204
  （二）紧跟创新浪潮，挖掘新兴市场潜力 ···················· 204

第八章　六众生态——未来社会发展的强动力 ············· 208
 一、六众生态，汇聚社会发展新动力 ······························ 208
 二、双创发展仍需持续投入与支持 ·································· 210

（一）健全法律法规及政策支持体系 …………………… 211
　　（二）加大政府引导基金及社会资本投入 ………………… 212
　　（三）完善人才队伍建设机制 ……………………………… 213
　　（四）加强引导各地区创新创业发展的平衡 ……………… 214
　三、结语 …………………………………………………………… 215

参考文献 ………………………………………………………… 216

附录1　国务院关于加快构建大众创业万众创新支撑平台的指导意见 …………………………………………………………… 221
　一、把握发展机遇，汇聚经济社会发展新动能 ………………… 221
　二、创新发展理念，着力打造创业创新新格局 ………………… 223
　三、全面推进众创，释放创业创新能量 ………………………… 224
　四、积极推广众包，激发创业创新活力 ………………………… 225
　五、立体实施众扶，集聚创业创新合力 ………………………… 226
　六、稳健发展众筹，拓展创业创新融资 ………………………… 226
　七、推进放管结合，营造宽松发展空间 ………………………… 227
　八、完善市场环境，夯实健康发展基础 ………………………… 229
　九、强化内部治理，塑造自律发展机制 ………………………… 230
　十、优化政策扶持，构建持续发展环境 ………………………… 230

附录2　政策索引 ……………………………………………… 233

引言

"创新是民族进步的灵魂,是一个国家兴旺发达的不竭源泉,也是中华民族最深沉的民族禀赋。"

——习近平总书记五四重要讲话系列评论之四

当前全球经济复苏曲折乏力,国内经济下行压力加大,各国都在纷纷鼓励和支持创新创业,催生新产业和新的增长点。中国共产党第十八次全国代表大会(以下简称十八大)召开以来,国家实施创新驱动发展战略,强调以科技创新提高社会生产力和综合国力,积极推进"大众创业,万众创新",充分激发亿万群众的智慧和创造力。为此,国务院印发《关于大力推进大众创业万众创新若干政策措施的意见》和《关于加快构建大众创业万众创新支撑平台的指导意见》,鼓励发展众创、众包、众扶、众筹等新模式,推进大众创业、万众创新。中创集团积极响应国家"双创"号召,率先将"四众"模式与创新创业相融合,并创新性地发展出"众智""众育"平台,形成集众创、众包、众扶、众筹、众智、众育为一体的"六众"创新产业生态孵化体系,开启了社会创新新纪元。

第一章　六众——开启社会创新的新纪元

"国际经济形势将持续低迷,具体表现为'七低'——低经济增长、低投资、低贸易增长、低 FDI(外国直接投资)、低通货膨胀率、低利率水平以及低油价水平。"2016 年 11 月 10 日,2016 年世界经济论坛商业圆桌会在广州举行,世界经济论坛基金董事成员、国际货币基金组织(IMF)前副总裁朱民对未来 5 年的世界经济形势做了以上预测。

2016 年 7 月,IMF 下调 2016 年全球 GDP 增速至 3.1%。在过去 3 年里,无数经济学家预测全球经济会强劲恢复,但经济持续下行、全球贸易表现不佳却是不争的事实。而中国未来几年的经济转型,将成为拉动世界经济增长的重要动力源。预计未来 5 年,中国经济增长对世界的贡献率将保持在三成左右。

中国经济社会发展正处在重要的历史转型时期,具体表现在产业结构由工业主导向服务业主导转型、城镇化结构由规模城镇化向人口城镇化转型、消费结构由物质型消费为主向服务型消费为主转型、开放结构由货物贸易为主向服务贸易为重点转型等。

当前,中国经济转型与世界经济格局变化交织在一起,双向相互影响增强。一方面,未来几年全球经济仍将处于弱增长态势,世界经济格局仍在继续寻找新的平衡，这会给中国经济转型带来多重影响与冲击；另一方面，作为世界第二大经济体，中国的经济转型与增长对全球经济增长的影响日益增大。

经济需要转型，社会需要创新

2012年11月，十八大报告明确提出要实施创新驱动发展战略，强调科技创新是提高社会生产力和综合国力的战略支撑，必须摆在国家发展全局的核心位置。

2016年5月，中共中央、国务院印发了《国家创新驱动发展战略纲要》。当前，我国创新驱动发展已具备发力加速的基础。经过多年努力，科技发展正在进入由量的增长向质的提升的跃升期，科研体系日益完备，人才队伍不断壮大，科学、技术、工程、产业的自主创新能力快速提升。经济转型升级、民生持续改善和国防现代化建设对创新提出了巨大需求。庞大的市场规模、完备的产业体系、多样化的消费需求与互联网时代创新效率的提升相结合，为创新提供了广阔空间。中国特色社会主义制度能够有效结合集中力量办大事和市场配置资源的优势，为实现创新驱动发展提供了根本保障。

同时也要看到，我国许多产业仍处于全球价值链的中低端，一些关键核心技术受制于人，发达国家在科学前沿和高技术领域仍然占据明显领先优势，我国支撑产业升级、引领未来发展的科学技术储备亟待加强。适应创新驱动的体制机制亟待建立、健全，企业创新动力不足，创新体系整体效能不高，经济发展尚未真正转到依靠创新的轨道。科技人才队伍大而不强，领军人才和高技能人才缺乏，创新型企业家群体亟需发展壮大。激励创新的市场环境和社会氛围仍需进一步培育和优化。

这就要求我们推动创新创业，激发全社会创造活力，通过建设和完善创新创业载体，发展创客经济，形成大众创业、万众创新的生动局面。

2016年10月，国务院总理李克强在出席全国大众创业万众创新活动周时提出，"双创"是实施创新驱动发展战略的重要抓手，是推进供给侧结构性改革的重要体现，是培育新动能的有力支撑。创业与创新结合，会使发展动力更加强劲。尤其在当今"互联网+"蓬勃发展的时代，万众创新可以把千千万万"个脑"连接成创造力强大的"群脑"，在智慧碰撞中催生创意奇妙、能更好满足多样化需求的供给，这正是中国经济发展巨大的潜力所在。"双创"覆盖第一、第二、第三产业各个领域，不仅小微企业可以做，大企业转型升级也需要通过"双创"更好地适应个性化设计、定制化生产的趋势。

一、中国为何没有创新圣地

人们期待的未来是进步的，进步可以呈现两种形式。第一，水平进步，也称广泛进步，意思是照搬已取得成就的经验——直接从1跨越到n。从宏观层次看，即全球化——把某地的有用之物复制、推广到世界各地，中国是全球化的范例。第二，垂直进步，也称深入进步，意思是要探索新的道路——从0到1的进步（如图1-1）。从宏观层次看，即科技。

大部分人认为世界的未来由全球化决定，但事实是——科技创新更有影响力。

每一次历史进程的剧变都是以科技创新为标志的。

18世纪60年代，英国人瓦特改良蒸汽机后，开启了英国的工业革命。一般认为，蒸汽机、煤、铁和钢是促成工业革命技术加速发展的四项主要因素。由于机器的发明及运用成为这个时代的标志，因此历史学家称这个时代为"机器时代"。

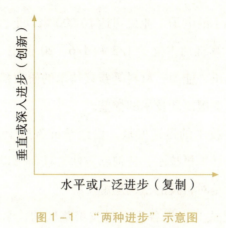

图1-1 "两种进步"示意图

19世纪70年代开始的第二次工业革命极大地推动了社会生产力的发展,对人类社会的经济、政治、文化、军事、科技和生产力产生了深远影响。欧洲国家和美国、日本的资产阶级革命或改革的完成,促进了经济的发展,人类从此进入"电气时代"。

而到了21世纪,数字技术将会给我们带来巨大变革。人类将不再满足于肌肉力量的突破与超越,而是要进一步致力于大脑智慧的拓展与延伸,以创意和创新的力量,取代以往发展和增长的基本动能,进而实现"指数级增长、数字化进步和组合式创新"。

(一) 发达国家"创新圣地"的发展历程与现状

1. 硅谷——科技之都

20世纪60年代中期以来,硅谷随着微电子技术高速发展而逐步形成。依托斯坦福大学、加州大学伯克利分校等具有雄厚科研力量的美国一流大学,以高科技的中小公司群为基础,并拥有惠普、英特尔、苹果、思科等大公司,融科学、技术、生产为一体。

硅谷拥有大大小小的电子工业公司达 10 000 家以上，他们所生产的半导体集成电路和电子计算机约占全美 1/3 和 1/6。20 世纪 80 年代后，随着生物、空间、海洋、通讯、能源、材料等新兴技术的研究机构在该地区纷纷出现，硅谷客观上成为美国高新技术的摇篮。

同时，随着信息技术的迅速发展，已经给硅谷冠上了"科技之都"之名。但科技不仅限于计算机技术。任何新方法，任何可以使事情更易完成的方法都是科技，这才是对科技的正确理解。

而今"硅谷"已成为世界各国高科技聚集区的代名词，代表着允许失败、崇尚竞争、平等开放的精神。

2. 以色列——创业国度

以色列是举世公认的创新国度，科技对其 GDP 贡献高达 90% 以上。以色列权威渠道资料显示，2015 年，以色列约有 1400 个创新公司，高科技的创新公司数量仅次于美国，在纳斯达克上市公司数量超过全欧洲总和。

以色列前总统佩雷斯曾在《创业的国度》一书中写道："在过去 62 年间，以色列遭受了 7 次攻击，并处于层层外交和经济封锁之中，我们战胜大量高端武器的唯一途径就是用勇气和技术占得先机。以色列所孕育的创造力与我们的国土面积不成比例，但却与我们面临的危险相当。集体农场成了孵化器，农民成了科学家：高科技在以色列萌发于农业。"

很少有其他国家的军事机构与学术界和商界有如此密切的联系。军队既保家卫国，同时也是科技创业孵化器。1990 年，以色列政府鼓励创新，其最早的创新就来自于军队，比如卫星、通信、大数据等。其中"8200 部队"是以色列著名的中央情报搜集部队，即网络战部队，为现代战争提供信息支持。"8200 部队"成员是从所有在以色列参军服役的人中，通过严格的智商测试与综合能力测试筛选出来的，是精英中的精英，他们在服役完毕后可以选择加入高科技公司，或继续深造。以色列的高科技领域的精英大多来自"8200部队"。如今这些人要么是公司的创立人，要么是中高级主管，他们对以色列的科技发展起到重要的作用。

其他国家的科技创新是源于解决现实问题，但在以色列做科技创新，是解决生存问题。他们认为，一切有形的东西都会消失，自己的头脑才是最重要的财富。

3. 瑞典——创新热土

瑞典以诺贝尔奖的发源地闻名，宜家家居、沃尔沃汽车、利乐砖包装、蓝牙传输技术、心脏起搏器、三点式安全带……全部产自这个自然资源、劳动力资源并不丰厚的国家，并给其带来了巨额财富。19世纪末，瑞典还是欧洲最为贫穷的国家之一。如今这个只有1000多万人口、45万平方公里的小国，却是世界上按人口比例计算拥有跨国公司最多的国家。

瑞典有100多年的创新历史，瑞典人很早就认识到瑞典领土面积小、人口少、资源贫乏，除了大力增加人力资本，加强科技创新，充分利用国际市场，并具有全球化视野，没有其他强国富民之路。瑞典人有很强的忧患意识，深刻意识到时刻保持高度科技创新能力的重要性。他们既善于学习其他国家最新科技进展，取他人之长为我所用，更强调创造和保持自己的独特竞争力。

为了生存他们必须创新。科技、发明可以帮助人们战胜许多生存困难的问题，而创新则是实现国家强大的唯一出路。

（二）中国社会创新环境

如今，创新在中国已形成风气。上至国家战略发展方向，下至广大群众的日常生活，创新已不断融入整个中国社会的血液。

作为创新创业的载体平台,孵化器在中国得到迅速发展。中国的孵化器始于政府主导的孵化器,定位于科技成果转化和培育创业者。自1987年武汉东湖创建第一个孵化器开始,继上海1988年创建第二个以后,孵化器开始在全国遍地开花。经过近30多年的发展,我国创新创业载体建设不断加强,创新创业活动日益频繁,创新创业环境不断优化,正在努力形成大众创业、万众创新的生动局面。

2015年3月11日,国务院办公厅发布了《关于发展众创空间推进大众创新创业的指导意见》(以下简称《意见》)。《意见》指出,顺应网络时代大众创业、万众创新的新趋势,加快发展众创空间等新型创业服务平台,营造良好的创新创业生态环境,是加快实施创新驱动发展战略,适应和引领经济发展新常态的重要举措,对于激发亿万群众创造活力,打造经济发展新引擎意义重大。

据科技部火炬中心统计,截至2016年底,全国各类众创空间共有4298家,与现有3000多家科技企业孵化器、400多家加速器,17个国家自主创新示范区和156个国家高新区,共同形成完整的创业服务链条和良好的创新生态。众创空间内的创新创业服务人员达到12.9万人,服务创业企业和团队约40万家,培育上市挂牌企业近1000家,提供180多万个就业岗位。

(三) 中国在创新路上存在的障碍

虽然中国在创新的路上奋起直追,但距离诞生真正意义上的"创新圣地"依旧有很大差距。

我们已经拥有很好的科技,但是最重要的要素还是人,而人的培养要靠教育。一方面,我国传统的学校教育模式更多的关注考试、学历,而不是创新理念和创新能力的培养。另一方面,家庭引导的偏差,使得很多父母指引孩子机械化地学习，而非创造性地思考。

2015年，我国国民人均纸质图书阅读量为4.58本，不足排名第一的以色列的1/10。整个社会缺乏学习氛围，导致大多数人没有基本的科学素养，就更遑论自主创新了。

在高校和科研机构方面，官本位思想制约科研人员的创新激情；科研、教育体制的行政化，致使学术失去了自由与独立性，削弱了科学研究的实力；科研资源分配不合理，大量科研资源与经费被浪费的同时，真正潜心搞研究、搞创新的人却往往无法获得经费支持。

在政府层面，国家全力支持创新，但一些扶持政策在制定过程中未能结合创新创业者的实际情况，导致最终无法落到实处，不能真正解决创业者的困难；部分政府机构效率较低，官员的思维不够开放和先进，也无法很好地为创业者服务。

（四）创新—创业—产业（0—1—n）

"创新是一个民族进步的灵魂，是一个国家兴旺发达的不竭动力，也是中华民族最深沉的民族禀赋。在激烈的国际竞争中，惟创新者进，惟创新者强，惟创新者胜。"

——2013年10月21日，习近平在欧美同学会成立一百周年庆祝大会上的讲话

面对全球经济低迷的状况，IMF前副总裁朱民提出，必须创新求变。"虽然创新是未来经济走出低迷的方向，但科技创新对目前整体经济的影响是负面的。因为科技创新在发展过程中会冲击传统的产业，使传统企业不敢投资和扩大生产。所以，必须把今天的创新产业化，否则就不可能成为经济增长的主动力。"

《"十三五"国家科技创新规划》提出,围绕实体经济转型升级,加强专业化高水平的创新创业综合载体建设,完善创业服务功能,形成高效便捷的创业孵化体系。构建创新创业孵化生态系统,引导企业、社会资本参与投资建设孵化器,加强创业孵化服务的衔接,支持建立"创业苗圃—孵化器—加速器"的创业孵化服务链条。

应对新趋势和新要求,孵化器的业务有必要向前端和后端扩展,即以孵化器为核心,建设"苗圃—孵化器—加速器"一体化的科技创业孵化链条,针对不同发展阶段的科技企业,提供差异化服务。对未成立企业的创业团队开展选苗、育苗和移苗入孵工作;对孵化器内企业提供高水平、高质量的专业化孵化服务;对具有高成长性的企业不仅要"扶上马",还要"送一程",鼓励其进入加速器更快成长,从而在一个体系内将各类资源和服务有效集成,形成适应科技企业发展的完整生态系统,提高企业自主创新能力,助推企业迅速发展壮大,促进区域经济转型发展。

"加速器"是从"企业孵化"到"产业孵化"的突破口,将形成产业集聚效应,促进优势高科技产业的集约化发展和壮大。

企业加速器首先要有明确的产业定位,既与区域经济发展的产业定位相匹配,也要与区域内孵化器的主导产业相匹配。在承接孵化器内高成长企业的同时,更要为地区经济发展做好"产业集群"储备。其次,还要实现产业聚焦,才能达到有限资源聚焦于有限的产业,并提供更加专业化的服务。

广东医谷产业园投资管理股份有限公司(简称广东医谷)以中大创投为核心,围绕着医疗产业服务平台,聚合孵化、办公、人才、生产、仓库、研发、服务七大模块,构建成广东医谷独一无二的业态环境。

广东医谷整合中创集团的资源,打造"生产服务一体化"的创新服务平台,平台由不同的服务业态构成,不同节点对应的是生产服务的各个环节。

企业生产所需的人才、技术、资金,不仅可由园区内的创新服务平台提供,产品前期的研发,医疗器械临床试验的认证,销售所需的线上推广平台,供应链服务与融资,仓储物流的管理开发,工商税务,法律顾问,财务会计服务等都将通过园区完善的业态提供。除此之外,园区还将不定期举办医疗器械产业论坛、生物技术行业交流会等,以此促进行业内的交流与要素流动。真正做到专业集聚发展,强化金融服务功能,搭建专业技术平台,引入专业化服务机构和创新服务运营模式等几大要点。

2016年5月,中国提出建设世界科技强国的目标,面向科技前沿、经济发展和国家重大需求,加快科技创新,掌握全球科技竞争的先机。

中国,是创新基因非常丰厚的民族。创新的力量来源于个人的目标与梦想,来自企业的生存与竞争,也来自国家的战略和布局。在和平时期,争夺科技领域的制高点,是国际竞争的重要体现。这就决定了我们在选择方向和路径时,不能只看眼前的利益,而是要站在社会发展的角度,要与世界经济和技术发展的方向保持一致。

2015年,中国首位诺贝尔医学奖获得者屠呦呦在发表获奖感言时引用了莎士比亚的名言,"凡是过去,皆为序曲"。今天也是未来的序曲,我们必须迎头赶上,因为只靠复制、模仿是无法成为世界领袖的。在21世纪,科技创新将会给我们带来难以想象的巨大变革,这是中国真正的机会。

二、六众,开启社会创新创业新纪元

(一)从"四众"到"六众"——中创集团"双创"工作的探索与发展

1. "四众"概念的由来

2015年9月10日,在天津举办的夏季世界经济论坛(又称达沃斯论坛)

上，李克强总理在致辞中提出，要在960万平方公里土地上掀起"大众创业""草根创业"的新浪潮，形成"万众创新""人人创新"的新态势，表达了他对于"大众创业、万众创新"的坚定信心，在华夏大地迅速掀起了"双创"浪潮。

2015年9月16日，李克强总理主持召开国务院常务会议，会议决定建设大众创业、万众创新支撑平台，利用"互联网+"，积极发展众创、众包、众扶、众筹等新模式。这是国务院常务会议上首次同时出现"众创、众包、众扶、众筹"（简称"四众"）四个关键词。对此，李克强总理在2015年7月27日出席国家科技战略座谈会时曾给出重要指示，他强调，要把科技与人民群众的创造力在更大范围、更深程度、更高层次上融合起来。鼓励发展众创、众包、众扶、众筹等，使创新资源配置更灵活、更精准，凝聚大众智慧，形成内脑与外脑结合、企业与个人协同的创新新格局。要依托"互联网+"平台，集众智搞创新，厚植科技进步的社会土壤，打通科技成果转化通道，实现创新链与产业链有效对接，塑造我国发展的竞争新优势。

2."四众"概念解析

2015年9月23日，国务院印发《关于加快构建大众创业万众创新支撑平台的指导意见》，指出要依托"互联网+"等新技术构建最广泛的创新平台，鼓励发展众创、众包、众扶、众筹等新模式，并给出了"四众"的概念解析。

众创，即汇众智搞创新，通过创业创新服务平台聚集全社会各类创新资源，大幅降低创业创新成本，使每一个具有科学思维和创新能力的人都可参与创新，形成大众创造、释放众智的新局面。

众包，即汇众力增就业，借助互联网等手段，将传统由特定企业和机构完成的任务向自愿参与的所有企业和个人进行分工，最大限度利用大众力量,以更高的效率、更低的成本满足生产及生活服务需求,促进生产方式变革,开拓集智创新、便捷创业、灵活就业的新途径。

众扶,即汇众能助创业,通过政府和公益机构支持、企业帮扶援助、个人互助互扶等多种方式,共助小微企业和创业者成长,构建创业创新发展的良好生态。

众筹,即汇众资促发展,通过互联网平台向社会募集资金,更灵活高效满足产品开发、企业成长和个人创业的融资需求,有效增加传统金融体系服务小微企业和创业者的新功能,拓展创业创新投融资新渠道。

3. 中创集团"六众"平台的形成与发展

2011年,中创集团成立初期,即确立以创新型企业为投资对象,通过设立私募基金,精准投资、整合资源、帮扶企业,逐步形成"众创平台－中大创投"。

2013年,为了促进跨界创新思想的交流碰撞和资源整合,中创集团创立了"众扶平台－云珠沙龙(广州云珠沙龙股份有限公司,简称云珠沙龙)",形成了包括云珠沙龙(创业公开课)、云珠风暴会(创客私董会)和跨界创新大会等品牌活动。

2014年,中创集团投资建设广州创新谷创新孵化器有限公司(简称中大创新谷),打造"SRRS"(即种子 Seed、沃土 Rich soil、雨露 Rain、阳光 Sunshine)创新创业生态孵化体系,根据创新产业的不同发展阶段,筛选优秀的创业项目(种子 Seed),构筑配套的孵化系统(沃土 Rich soil),对不同阶段的优秀项目提供孵化实体,并引入融资体系(雨露 Rain)和支撑体系(阳光 Sunshine),帮助创新型企业完善其商业模式、企业运营、人才团队和市场营销。2015年,中大创新谷被中华人民共和国科学技术部(简称科技部)认定为首批"国家级众创空间"。

在中大创新谷的运营过程中，中创集团发现，创业企业在技术、融资、理论等方面仍面临着许多困难，为此，中创集团尝试着从以下几个方面去探索解决的方法。

为解决创新型企业面临的技术瓶颈，打通产学研科技成果转化的最后一公里，中创集团创立"众包平台-庖丁技术"，采用科技众包模式，通过技术咨询、研发和转化，促进高新技术、人才与资本的融合。与此同时，为了支撑创新源的发展，中创集团还成立了全球开放创新中心"SME-Lab"，为科技创客提供研发的基础实验配套，联通高校和科研院所的研发软硬设施，整合产业上下游资源，配套认证认可和知识产权等第三方科技中介服务，协助创客完成创意、研发、创业的三级跳，从技术创新到产业落地，实现"从0到1"的突破，加快科技成果转化，形成创新产业。为进一步完善投融资体系，发展互联网金融非公开的股权、债权、收益权、知识产权等新兴众筹形式，中创集团创立了"众筹平台-海鳌众筹（广东海鳌信息科技股份有限公司，简称海鳌众筹）"，为创新创业者构筑完整的融资体系。

为了对新兴产业发展和传统产业转型升级提供理论分析和实践指导，中创集团创立了"众智平台-中创产业研究院（广东中创产业研究院有限公司，简称中创产业研究院）"，专注于产业趋势、产业投资和产业发展的研究。

与此同时，为了把孵化体系向产业端延伸，将产业研究成果应用于实践，中创集团在医疗健康领域做出了大胆尝试，产业孵化器"广东医谷"应运而生，并将其打造成为一个专注于医疗和大健康产业的投资孵化平台。

2016年，为了将双创生态探索的实战经验分享和传播出去，培养一批创新创业领军人才，中创集团创立了"众育平台-中创学院"，邀请专家学者和创新创业第一线的成功企业家为教官，为创新者、创业者、企业家和产业家提供理论指导和实战经验的学习、分享和交流，帮助他们更好地提升、转型和发展。

至此，中创集团围绕落地孵化实体空间和创新创业实际需求，在"四众"的基础上，衍生拓展出众智、众育平台，标志着"六众"平台的全面形成（如图1-2），为全国双创工作首开创新产业生态孵化体系先河。

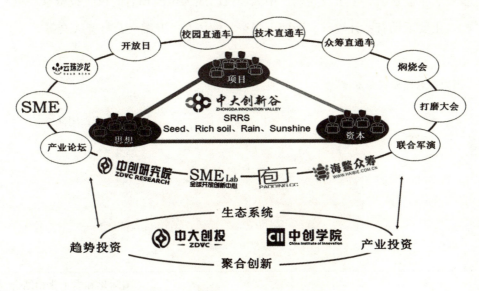

图1-2　中创集团"六众"平台生态孵化体系

（二）"六众"平台简介

经过6年时间在创新创业孵化领域的耕耘与探索，中创集团已经构建出了一套科学完整的"六众"平台（众创、众扶、众包、众筹、众智、众育）融合的创新产业生态孵化体系，帮助各个领域、不同发展阶段的创业者、企业家、产业家提升和发展，推动科技创新至产业落地，加快形成创新产业集群。

1. 众创平台

广东中大创业投资管理有限公司（简称中大创投）是一家专业的私募股权投资机构，利用中国高校在科技创新、产业研究和人才培养等方面的优势和资源（如图1-3），动员和配置社会资金，支持科技成果转化，专注股权投资、企业重组、上市及并购。中大创投已成为全国知名的风险投资管理机构。主要活动有：开放日、天使下午茶、焖烧会、专案会、打磨大会等。

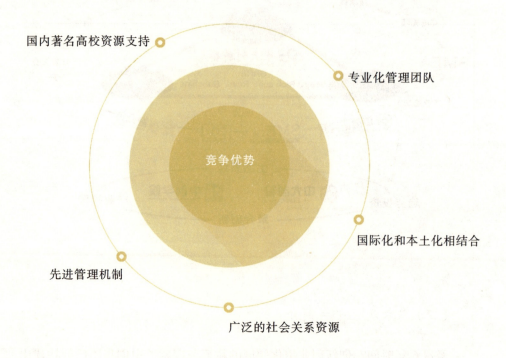

图1-3 中大创投的竞争优势

2. 众扶平台

云珠沙龙是国内首个跨界创新众扶平台，主要由自媒体、创业公开课、跨界创新论坛构成，面向创业者、投资人、金融机构、产业集团等不同界别，从科技投资、工业设计、智能制造等方面，直面探讨科技创新路上的新窘境，跨界融合的可能性，以及利用资本手段开辟新天地。平台通过举办云珠沙龙、云珠风暴会、跨界创新大会等活动，帮助创业者获得思想、人才与投资（如图1-4），帮助企业家获得跨界资源与创新思想，共同打造创新产业。云珠沙龙已成为华南创业沙龙第一品牌，得到了社会、媒体和政府的广泛认可。主要活动有：云珠沙龙、云珠风暴会、跨界创新大会。

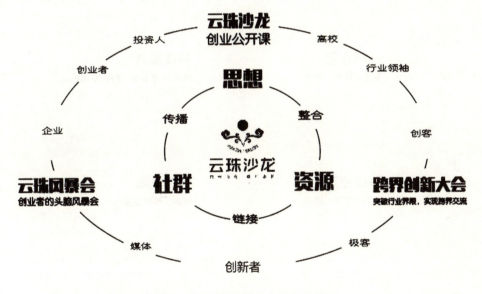

图1-4 云珠沙龙的众扶生态体系

3. 众包平台

广东庖丁技术开发股份有限公司（简称庖丁技术）是一个专业科技众包服务平台，旨在促进科技人才、科技成果走出实验室，面向需求，走向市场，把创新技术与企业相对接，推动行业的技术变革，加快传统产业转型升级。平台以中创集团作为体系支撑，依托高校、高新技术企业作为资源支撑，提供技术开发研发、技术咨询、技术转移等服务，涵盖了互联网产品、智能硬件、生物医药、新材料、大数据等领域。通过科技众包的方式，打破技术人才、科研机构与企业之间信息不对称的局面，促进高校、科研机构的科技研究人员和技术成果走向市场（如图1-5）。平台是华南地区首个专业科技众包平台，是广东省科学技术厅技术众包平台试点意见重点征询单位之一。获选广东省科学技术厅第一批"省级科研众包培育平台"，旗下品牌活动：技术直通车。

图1-5 庖丁技术的众包生态体系

4. 众筹平台

海鳌众筹是一个专业的投融资平台，专注于收益权众筹，依托于中创集团庞大的资源体系，为创新产业提供从种子期投资、创业孵化、融资服务、跨界资源对接、产业孵化等全面、深度、专业、优质的筹前、筹中、筹后一体化特色服务（如图1-6）。所谓收益权众筹，是指项目发起人（筹资人）将其经营的企业、项目或者某项业务、权利、产品或服务等的未来收益的一定比例作为回报，以吸引投资者参与的一种资金筹集方式。平台经过探索和实践，形成了"VC+""1+N+1""硅谷银行"等创新业务模式，已成为广东省互联网非公开股权融资机构首批试点单位、广州互联网金融协会理事单位、广东互联网金融协会会员单位及广州股权交易中心战略合作伙伴。主要活动有：众筹直通车、投资大咖TALK、创客全明星、互联网金融高峰论坛。

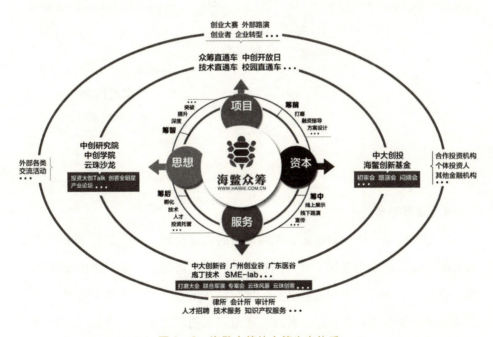

图1-6　海鳖众筹的众筹生态体系

5. 众智平台

中创产业研究院以"研究产业，服务产业，发展产业"为理念，以引领产业创新协同发展为根本，旨在成为全国产业特别是战略性新兴产业发展的重要研究中心。平台通过集聚创新产业所需资源，形成"高校院所→政府部门→龙头企业"之间相互促进的良性循环，提升产业发展关键利益方的能力和水平，共同举办产业研究和产业发展论坛等品牌活动，共同促进创新产业发展和前沿创新产业理论传播（如图1-7）。主要活动有：智库沙龙、产业论坛。

图1-7 中创产业研究院的产业研究生态

6. 众育平台

中创学院是一个探索未来、主动创新的人才机构，一个培育未来产业实战者的学院，该平台集结了具有创新思想、实战经验、产业思维的顶级企业家、投资人、知名学者和创客精英，旨在站在未来，培育产业实战者，打造产业领袖。平台为企业转型、升级、联盟引入创新思维和产业思维，为创客提供实战培训，为政府及相关机构提供产业、技术、金融等方面的前沿服务，打造新的产业创新人才教育生态（如图1-8）。

第一章 六众——开启社会创新的新纪元

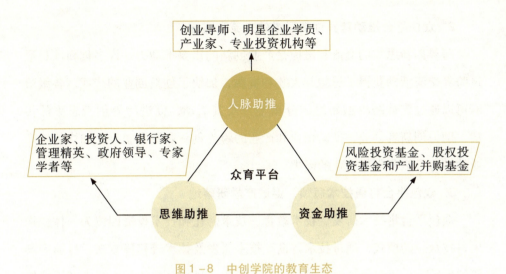

图1-8 中创学院的教育生态

（三）"六众"生态孵化体系的先进性及对创新产业发展的现实意义

把握国家实施创新驱动发展战略和推进"双创"的契机，构建创新创业生态系统，优化配置社会创新资源，加快形成创新产业，推动产业转型升级，是各地区适应产业变革发展趋势的必然选择。当前，基于互联网的创新创业规模化发展，"六众"新模式、新业态孕育兴起，线上线下加速融合，正在深刻改变着社会的生产方式、生活方式和治理方式。

1. 众创平台对接风险投资，在源头支持创新幼苗的成长

实现国家的创新驱动战略，一个重要抓手是支持风险投资，在源头支持创新创业。创新创业项目的早期是最困难最需要得到支持的阶段，能否让更多的社会资本投向早期项目，雪中送炭，提供资金支持和思想帮扶，会在很大程度上决定创新源的发展和创业项目的成功概率。只有存活下来，才能逐步从企业发展到产业，形成新的业态和经济增长的新动力。

21

2. 众扶平台推动跨界创新思维的交流和碰撞

跨界创新思维的交流和碰撞是产业创新的重要推动力。许多创新项目通过跨界交流活动获得了思想、人才和资源，加快了创新创业的步伐。各级政府可以通过支持跨界创新思维分享平台及其活动，促进跨界创新思维的传播，助力创新者创业，推动企业和产业的跨界创新和资源整合，加快传统产业的转型升级和创新产业的诞生。

3. 众包平台打通技术瓶颈，促进产学研落地

众包平台集技术研发、技术教育、技术孵化和技术投资四位为一体，采用科技众包的模式，通过技术咨询、技术研发及技术转移等方式，打通产学研的最后一公里，促进科技成果的快速转化。科技众包的最大亮点在于将优秀的技术对接到市场，让技术得到更多的应用，将技术商品化、资本化，变成创造财富的工具，成为创业者的载体，成为整个产业发展的动力。

4. 众筹平台为创新产业提供多样化的互联网金融服务

互联网金融在一定程度上满足了日益多元化的直接融资和公众理财的需求，成为践行普惠金融服务的重要力量。众筹作为互联网金融的一种重要形式，它既能够扩大融资的受众面，降低融资成本，提高融资效率，同时弥补传统金融难以覆盖的群体和融资缺口，又能凭借较强的市场和政策导向，提高金融市场上的资金配置和使用效率，提升金融服务的效果。众筹平台聚集大众的力量，聚沙成塔，将创新企业可能面临的一个阶段或者可能需要的帮助串联起来，利用平台的技术、产品，以及背后的金融服务，帮助他们填补资金缺口，架起一座由企业创新通往产业创新的桥梁。

5. 众智平台指导创新产业前行方向

当前，中国传统产业亟需转型升级，不仅需要互联网思维，更需要产业思维。众智平台以产业研究为核心，从国际国内产业发展规律的角度，从新

技术、新模式、新业态的产业发展趋势和国民经济转型升级的高度,引领创新企业的发展战略和传统产业的转型升级,为创业者和企业家开阔视野,明确企业和产业发展的方向和途径。

6. 众育平台培育优秀创新产业人才

创新企业和创新产业发展的最终瓶颈,是创业者和领军人思想的高度和深度,是他们的道德情操、学习能力、领导力和执行力。如果没有创新者和企业家本身的不断提升,创新企业和创新产业是不可能持续发展的。创业者需要与企业共同成长,而创新创业过程没有现成教材可学,只有在战场上的行家,才是真正能指导创业者打胜仗的导师。众育平台聚集一批具有创新思想、实战经验、产业思维的顶级企业家、投资人、学者,利用他们的实战经验帮助创业者和企业家与时俱进,提升和发展,推动创新产业的持续发展,引领传统产业的转型升级。

综上所述,中创集团首创"六众"生态孵化体系,集聚创新资源,培育创新人才,始终以服务创新企业、加速创新产业集群为根本出发点,将双创理论体系进一步补充完善,以实际行动响应国家"大众创业、万众创新"的号召,必将开启社会创新创业新纪元。

引言

"众创",即"大众创业,万众创新",这是全球经济快速发展的时代要求,也是我国产业转型升级、全面深化改革的必然要求。本章主要围绕"众创"的时代背景、内涵、意义、现象、问题及建议等各个方面,结合中大创投在创新产业领域的探索与实践进行论述。中大创投积极响应国家"双创"号召,致力于发现并投资孵化具有潜力的早期项目,在源头支持创新幼苗成长,努力帮扶创新企业成长。

第二章 众　　创

一、众创的时代背景、内涵和意义

（一）"众创"产生的时代背景

"众创"是时代发展的要求。从国际上看，随着全球经济及科技的快速发展，国际市场需求大大增加，对传统产品的质量和技术含量要求增加，对创新技术和创新产品的需求增加，我国传统产品面临极大的国际竞争压力，这便要求我国新技术、新产品和新服务的创新创造，要求我国产业的转型升级，从而提高我国传统产品在国际市场的竞争力。

从国内来看，当今时代，既是创业的时代，也是创新的时代。当前，我国经济进入速度变化、结构转型和动力转换的关键时期。一方面，为适应经济高速发展，我国必须走集约发展、高科技含量发展、高附加值发展的道路，这就要求通过"众创"来推动我国产业的转型升级，推动我国经济的转型发展；另一方面，全面深化改革要全面推进，必然要求我国通过"众创"来增强我国全面深化改革的动力及活力。

另外，我国传统企业的商业模式及盈利模式已不适合现今经济快速发展的要求，传统的创新模式已成为制约企业发展的瓶颈。"众创"在此"内忧外患"的背景下应运而生，致力探索出符合我国的产业创新之道。

（二）"众创"的内涵

李克强总理在 2015 年的中华人民共和国人民代表大会和中国人民政治协商会议（简称两会）政府报告中指出，"把亿万人民的聪明才智调动起来，就一定能够迎来万众创新的新浪潮"。"大众创业，万众创新"开始引发公众关注，成为新常态下经济发展的"新引擎"，也成为 2015 年来的热点事件之一。

"众创"，即"大众创业，万众创新"，指中国大众借助中国改革的政策优势，通过创新与智慧创立起自己的家业，积累自己的有形资产和财富，为国家社会做贡献。"众"，即大众、万众，指的是我国十几亿人口；"创"，即创新、创造及创业。根据杰夫里·提蒙斯所著的《创业创造》的定义：创业是一种思考、推理结合运气的行为方式，它为运气带来的机会所驱动，需要在方法上全盘考虑并拥有和谐的领导能力。科尔把"创业"定义为：发起、维持和发展以利润为导向的企业的有目的性的行为。创业者既可以指新创企业的创办人，也包括现有企业中的具有创新精神的企业家。

"大众创业、万众创新"的提出把创业、创新与人、企业、产业这几个关键要素紧密结合在一起，不仅突出精英创业，而且突出草根创业、大众创业、实用性创新，体现了创业、创新、人、企业和产业"五位一体"的创新发展总要求。

1. "众创"的概念

"众创"的概念应该包括以下三层含义。

(1) 创客群体的成长

由于低成本利基、自我价值实现以及其他社会因素的综合作用，大众创新的动机广泛存在，海量的知识源以及日益提高的转化率、创新社区的不断发展、逐渐成熟的创新工具等，促进个体创新能力的持续提高，创客已经成为重要的社会群体。

(2) 创业技术条件成熟

互联网技术的发展，让创业成为低成本、低风险的事业，使得大众创新的机会很大程度上得到了均等化。

(3) 大众需求的多样化

随着社会经济文化发展，人民的物质条件日益改善、文化水平不断提高，个体消费需求日趋多样化，市场潜藏着巨大商机。

2. "众创"的分类

根据创新活动的主导者不同，可以把"众创"分为以下两类。

(1) 企业主导型

企业主导型指大众在企业创新需求的主导下识别机会并参与企业创新的过程。这种模式下，企业是创新的主导方和发起者，它在"团体的智慧往往会超越个体的智慧"的逻辑引导下，积极通过互联网寻求大众参与创新。

(2) 大众主导型

大众主导型指在没有明确创新需求的情况下，大众主动获取创新机会，从而实施创新及其商业化的过程。在这种模式下，大众并没有明确的目标导向，而是主要以兴趣为驱动，结合自身现有的条件和资源，在环境中识别创新机会形成创意，进而实现由创意到创新成果市场化的过程。

3. "众创"的特点与优势

"众创"的特点与优势可归为以下四点。

(1) 开放与低成本

为创业者提供相对较低成本的开放性成长环境。

(2) 协同与互助

通过沙龙、训练营、培训、大赛等活动促进创业者之间的交流和圈子的建立，共同的办公环境能够促进创业者之间的互帮互助、相互启发、资源共享，达到协同进步的目的，通过"聚合"产生"聚变"的效应。

(3) 融合性

团队与人才结合，创新与创业结合，线上与线下结合，孵化与投资结合。

(4) 便利化

通过提供场地、举办活动，能够方便创业者进行产品展示、观点分享和项目路演等。此外，还能向初创企业提供其在萌芽期和成长期的便利，比如金融服务、工商注册、法律法务、补贴政策申请等，帮助其健康而快速地成长。

(三)"众创"的意义

人类社会发展史实际上就是一部大众创业、万众创新的历史，我国改革开放以来的实践也充分说明了这一点。20世纪80年代初，以家庭联产承包制为核心的农村体制改革后，极大激发了农民的创业热情，一大批乡镇企业异军突起，成就了今天以万向集团为代表的创业企业。此后，随着经济体制和科技体制改革，又有一大批科研人员和国有企业职工"下海创业"，民营企业异军突起，成就了今天以华为、联想、海尔等为代表的创业企业。这其中许多都是"草根创业"。今天，人人所熟知的阿里巴巴等世界级互联网企业，也都是数年前从草根起家，不断坚持创新创业成功的。许多成功的企业往往都是"草根"完成的,是大众完成的。

只有大众敢于创业,才能激发和带动万众关注创新、思考创新和实践创新。只有大众创新,才能创造更多的创新欲求、创新投入和创新探索,也只有在"众创"的基础上才可能有大众愿意创业、能够创业、创得成业。只有包含创新的"众创"才是真正意义上的"众创",这种创业才是有潜力的、有希望的,才能在国际国内稳定扎根。

二、众创众生相

(一) 创业的过程

创业的过程可概括为三步:规划、演变和勇气。

初次创业,做计划书、规划图的时候,这只是创业的第一步,而未来需要做的一定跟今天计划的截然不同。在所有投资的项目里面,没有经过三、四次产品、模式的痛苦转变,项目书难以形成。所以,创业事实上是一个非常艰辛的过程。

创业就是生命孕育的一种方式。生命就是等于创业,它是一个很高级的事件,这个事件在实践和演变的过程中,有可能会死掉。但如果坚持下来,产品经过无数次的打磨,团队经过无数次的磨练,最后,创业者才会找到生命里的精髓:做生意需要有独特的东西,只有自己能做而别人不能做!如果所有人都能做,所有人都能赚钱,那是兰州拉面的模式。

为什么创业会不成功?大部分创业者都没搞懂创业和创新这二者的关系。很多人以为做个商业计划书,有一个想法形成就是成功了,事实上是错的。创新只是一个想法、一种产品或一种市场的方式。而创业不但包括创新，还包括创业者的行业地位、创业者的才能、创业者的战略、创业者的商业模式、创业者对行业的理解程度、团队会不会即将分崩离析、创业者是否懂得财务的多元管理、会不会把投资的钱全部变成利润、把产品卖出去能否有盈收……这都涉及一个创客变成一个企业家的过程，也是创业通往产业的过程，每一步都很艰辛，但也只有把所有的过程都走一遍，成长为一个企业家的时候，创业才有希望。

（二）创业者的标准

1. 要有行业精神

创业者要对所从事的行业有极其深刻的了解，而不是一般见识。乔布斯曾经说过："我的激情所在是打造一家可以传世的公司，这家公司里的人动力十足地创造伟大的产品。其他一切都是第二位的。"而苹果公司今天的成功，就深刻证明了乔布斯这一行业精神。

2. 有别人没有的商业思维

商业思维是什么？它不是一种模式或者一个强大的架构，而是有能力去攻破行业里某一个需要解决的痛点。

例如一间钢管公司，每个企业需要什么钢管，它都能做出来，这就是水平的体现。只有把精力集中到一个点，才能成为这个领域的精英，才能脱颖而出，否则就是一个普通的商业模式。

苹果公司能够缔造伟大产品、成为伟大公司的营销三原则：①共鸣，"就是紧密结合顾客的感受，要比其他任何公司都更好地理解使用者的要求"。②专注，乔布斯的一个过人之处是知道如何做到专注，"决定不做什么跟决定做什么同样重要。"他说："对公司来说是这样，对产品来说也是这样。"在苹果的百杰集思会上，乔布斯问其100名员工："我们下一步应该做的十件事情是什么?"大家认真讨论后写在白板上,然后乔布斯把最后七件全部划掉,宣布"我们只能做前三件"。为了做好已决定的事情,乔布斯必须拒绝所有不重要的机会。③灌输,"一家好的公司要学会灌输。它必须竭尽所能传递它的价值和重要性,从包装到营销。"苹果公司秉持的"共鸣、专注、灌输"三大商业思维,就是其在业内优胜于同行的关键所在。

3. 契约精神

要遵守诺言,不能原来承诺月底能达到50万的销售额,结果月底只达到40万,就随便找个理由推脱。要显示出负责的态度,要有担当!担当是非常重要的,很多人申请基金协会的钱,申请到资金开始运营后,如发生亏损,会认为亏的不是自己的钱,而不够重视。这样做企业,是绝对不会成功的。当一个人因为经营企业、运作项目会心痛,会流泪的时候,那种真正的商业精神爆发出来。"没有经过钱的亏损而产生的这种经营企业的经验,全部都是伪经验。"

作为一个创业者,于投资人而言,你优秀而值得信赖,同时你也如此对待自己的客户,那么你就成了一张无形的信任之网中的一部分,这才是一个企业的立业之本,才是建立一个国家或者一个文明社会正确的方式,也是全世界应该运作的方式。

(三) 创业者的精神

创业者日复一日的探索和努力固然非常重要,但精神层面的东西更加重要。像谷歌、华为这些成就很伟大的公司绝不是榨取血汗钱的公司。

1. 创业者精神第一条:出生入死的精神

创业者要有一颗强大的心脏,能够在生死的轮回里坚持到底。

真正的创业,它是一个不断由生入死、由死入生的过程,直到探索出自己的一片天空。在这个过程当中最先规划的东西会删改，甚至会推倒重来。中间可能经历没人、没钱、没资源、团队有人掉队、财务枯竭等各种情况。但当你坚持下来，不断地做事情，总有一天会豁然开朗，然后找到自己做事的一些精髓和成功的方法。

在这个过程里，最能考验人的是两种情况：一种是账上没钱；另一种是团队只剩自己一个人。面对这两种情况是否需要坚持？如果选择坚持，可能当前的困难不过是黎明前的黑暗，然后想尽各种办法突破这个困局，找到解决问题的方法，在这之后会豁然开朗，而那些失去的钱和人可能会回来。如果不坚持，那意味着这就是创业的终点，其实很多创业者就是没能闯过这一关。投资人在考察创业者的时候也会从他过去的历史，看他是把创业当作生命运动的一个方式，还是当作一场准备付出很多的实验。

不管是把创业当作生命运动的方式，还是一场高级的实验，都值得尊重，因为创业的付出确实太大！

2. 创业者精神第二条：担当精神

担当精神是一种"我不下地狱，谁下地狱"的精神，是职业经理人和创业者的本质区别。通常，在创投的领域里我们经常会搞不清这两种人的身份区别。因为很多职业经理人都很优秀，很勤奋，而且能力非常强，也能创造业绩。但是，当遇到很大的困难甚至濒临绝境的时候，冲在前边并且承担终极责任的却是创业者。

担当精神听起来简单，但是它能够解决很多日常专业里面遇到的一些问题，例如有些创业者经常问什么人适合做合伙人，其实简单，就看危难的时候，他选择"走"还是"留"，有担当的就是合伙人，没有担当的就是职业经理人。

担当精神，它也体现在创业者和投资人的关系里面。有些创业者拿到投资就以为套住了投资人，认为投资人为了保住前面所投的不亏损，他还会继续投钱。所以遇到困难的时候，他会告诉投资人"我现在没有钱了，后面投不投自己看着办"。其实，这种类型的创业者本质上是职业经理人而不是创业者，因为在关键的时候，他只让别人去担当而自己不担当。

也经常看到有些商业计划书里，动不动就设几大部门，设多少个岗位，然后财务预算多少、年底产出多少、增长率多少。这样的商业计划书给人的感觉就是一个职业经理人所为，因为他们原来在大企业大平台的时候已养成这样的工作习惯：年初做财务规划、工作规划，递交老板审批，然后用一年时间去执行。

他的商业计划书建立在大企业任职的背景下，当时有大企业的品牌、资源、平台给他做背书和支撑，这种计划他可以实现。但离开这些企业后，原来可以利用的资源越来越少，他所拟出的计划不能实现。如果他不改变原来高大上的习气，按照以前的思路做计划，是没有担当的表现。例如没考虑项目实际情况而把财务做得宏大，实际上是把责任推给了投资人。

3. 创业者精神第三条：原创精神

现在创业者经常会陷入一个误区，就是把社会时代背景当作商业模式，比如将网红、直播等当作商业模式来生硬复制，盲目跟随潮流。但网红和直播等事物如果已经成为一种社会流行的概念，那么它只是一种通用的工具而已，不能称之为模式。

足球直播就是一个很好的例子，足球直播能赚钱是因为球赛好看，但这是基于球赛的精彩度，有人买票到现场去看，人越多，球场周围的广告投放才会更多，然后再有人做直播等，这是从产业链层层的环节赚钱。这些都源于直播的内容，也就是球赛的精彩度。球赛是几十年，甚至上百年的足球基业培养出来的，这就是内容的难度，其实也是原创的难度。

所以创业者们要有原创精神，原创精神的含义有两个：第一，像 Google 这样的，创造一个全新的产品或者服务，创造一个蓝海的市场；第二，如果你创造不了蓝海，那红海也可以。在红海里边创造一个与众不同的市场，就像海底捞，在普通的餐饮行业里杀一条血路来，这也是一种原创精神。

中大创投所投的一个项目乐窝公寓，创始人是潘传鹏，为退伍军人，高中毕业，但经常语出惊人。潘传鹏说过的两句话让人印象特别深刻，第一句"以前的风来了我就被风吹起来，其实不是一个概念，风口，其实是掌握在自己的手里。如果你有原创、有创新做出不同的东西，而且受到大家的喜欢，这个就是你创造出来的风口"。第二句"如果风口没有在自己手里，是别的地方风吹来了，那么在风来的时候你要做飞得最高的那头猪"。

很多创业者太执迷于百度、谷歌都能搜索到的东西，但很少注重自己创新的东西，潘传鹏这两句话就是对原创精神的较好解释。

4. 创业者精神第四条：服务精神、工匠精神

投资人在分析创业项目的时候会主张少谈模式，多谈问题。现在创业者谈模式谈得太多了，例如平台的模式、共享的模式等。所以投资人跟创业者聊天，一般都会问一个问题：现在有没有盈利？什么时候盈利？

如果回答得不太靠谱，基本上就很难再往下谈了，因为他只能谈模式。他谈不出来创业项目中赚钱的方法，谈不出能让他去生存的方法，最后感觉他还是赚不到钱。谈模式太多，谈问题太少的态度，致使结果离钱很远。

这就能理解近两年为什么出现很多靠补贴、靠烧钱的项目，烧了一两年还没烧出来，烧到 A 轮死、B 轮死、C 轮死都没用。其实这些项目就是讲模式太多，讲客户积累太多，而工匠精神、服务精神、服务内容讲得太少。

真正有服务精神的人就会多谈一些问题出来，一个小时的时间，可能五十分钟他都会在谈这个行业里的细节问题，以及怎么能够一站式地去解决这

些问题，用怎样的解决办法，让人觉得这些办法是可行的。对模式不会谈太多的人，做事会很踏实，做事水平也是远超同行的。而这种日复一日地服务客户去打磨产品，去持续优化产品和工作，才会赚到钱。当创业者与客户保持了一种紧密性的联系，客户自然会使用你的产品；如果你的产品收费后客户还能继续使用，基本上就离成功不远了。

5. 创业者精神第五条：感恩精神

创业者的感恩精神主要体现在对员工、家人、客户和投资人感恩。只有具备感恩精神，才能处理好各种各样的关系。什么动力能让人把一个工作、一个产品打磨得越来越细致呢？本质上就是这种感恩精神。

在创业的过程中，每天都会面临很多具体的复杂问题、事务性的工作问题需要处理。如果把这种出生入死、担当、原创、服务及感恩的精神贯彻到每天日常的工作当中去，成功指日可待。

（四）创业公司的基本标准

1. 流量标准

尽量吸引用户，让用户喜欢你的产品，保证用户的"加速度"增长才有意义。如果没有越来越多的人喜欢你的产品，到最后还是难以成功。

如何最大效益地产生最多的流量？这需要精准理解用户需求。需求是企业进行产业创新的思想来源和动力源泉。只有精准理解用户需求，才能让用户喜欢、依赖你的产品，占据市场。

2. 流水标准

实现线性型的增长。刚开始创业，一定是不断消耗的，给团队发工资、缴纳水电费、支出行政办公费、支付餐饮费……做了一段时间之后，要检查账户上的钱有没有正增长。如果有正增长，说明产品有人愿意付费，说明在当前这条道路是可行的。创业者可能做不成一个非常庞大的企业，但可以做成一个能养活自己的独立的企业，这就是成功的第一步，也是踏向产业化的第一步。

3. 利润标准

实现利润，说明企业能够赚钱盈利，能够复制和扩大商业模式，这就是一个很好的企业。

（五）创业公司的价值维度

1. 趋势价值

天使和 VC 阶段的投资，投资期都会比较长，投资期结构一般是或者"5+2" 7 年的年限。趋势价值在不同的投资阶段有不同的理解。做二级市场、做 PE，对趋势的理解和运用有很大不同。早期投资比较看重长期的趋势，趋势对了，项目增值潜力才大，符合趋势的项目也更有能力度过创业的重重难关。从发展速度上，符合趋势的项目是坐着火箭跑，一如上一个经济周期里的房地产。这是趋势投资的魅力，趋势就是价值。

（1）如何看待趋势价值

1）符合产业方向，未来有爆发可能。产业洞察力或预见力是产业创新的起点和基础，产业洞察力是对需求变化和技术发展等的先见之明。中大创投 2011 年投了一家精细化工的高科技企业，它生产的是电动汽车电池一个核心原材料。由于看中这家公司凭借深厚的技术积累以及产品符合发展趋势，就投了它。在社会对电动汽车存在很大争议的前些年，这家公司一直在埋头苦干，利润也不是太乐观，但最近这几年，利润在连续翻番，公司正在创业板排队上市。从前几年投它，到坚持与其共同成长，到今天它开花结果，这就是趋势的魅力。

2）有深厚的积淀。中大创投还投过一个农业项目叫泰通农业，做的是大型粮食烘干设备，也属于高科技企业。以后农业土地集中、土地流转，必然会要求大规模使用机械化烘干，它赶在了一个趋势的风口上，加上他在这个领域里沉淀了五六年，市场铺得很大，这家公司也非常有前途。这个也是趋势的魅力。如果只从经营指标、营收增长率的角度来判断，是看不出它一点优势的。但就是这样的企业会成为未来的一个风口企业。

综合这两个案例，就是说在投资里趋势是一个首选的标准。这种长期的趋势需要耐心去守候。随波逐流、跟风口的项目，通常没有这种深厚的沉积，没有趋势的底蕴，起得快，死得也快。

（2）发掘趋势的几个方向

1）科技创新。这个信号在2016年以来异常明显，到现在已经成为业界共识。最后导致经济转型升级的是科技。在科技创新领域里会产生越来越多有价值的公司，新材料、新技术、物联网技术都会成为值得大家重视的领域。

2）文创和消费升级。文化和消费升级的关系是非常密切的，有特色的IP如渗透到消费领域是个显著的趋势，文创产品的市场也会出现很大变化，这是价值维度的趋势价值，是首选的价值维度。

2. 创新价值

熊彼特在1912年《经济发展理论》中指出，创新是指把一种从来没有过的关于生产要素的"新组合"引入生产体系。这种新的组合包括：①引进新产品；②引用新技术，采用一种新的生产方法；③开辟新的市场（以前不曾进入）；④控制原材料新的来源，不管这种来源是否已经存在，还是第一次创造出来；⑤实现任何一种工业新的组织，例如生成一种垄断地位或打破一种垄断地位。创新，指以现有的知识和物质，在特定的环境中，改进或创造新的事物（包括但不限于各种方法、元素、路径、环境等等），并能获得一定有益效果的行为。创新，包括方法创新、学习创新、教育创新、科技创新等等，科技创新只是众多创新中的一种，科技创新通常包括产品创新和工艺方法等技术创新，因此技术创新是科技创新的其中一种表现方式。

创新价值的两个重点为模式创新和技术创新，技术创新优于模式创新，模式创新要更加重视结合技术创新。

技术创新，指生产技术的创新，包括开发新技术，或者将已有的技术进行应用创新。科学是技术之源，技术是产业之源，技术创新建立在科学道理的发现基础之上，而产业创新主要建立在技术创新基础之上。

技术创新是一个从产生新产品或新工艺的设想到市场应用的完整过程，它包括新设想的产生、研究、开发、商业化生产到扩散这样一系列活动，本质上是一个科技、经济一体化过程，是技术进步与产业创新"双螺旋结构"共同作用催生的产物（如图2-1）。

图2-1 技术创新过程

技术创新是产业创新的起点。从历史上看，新产业的形成都是由技术创新所引起的，如蒸汽机的产生、电的发明、计算机的诞生都带动了一大批新兴产业的发展。当代的技术创新不仅使个别技术领域得到发展，而且催生一系列影响深远的高新技术。这些高新技术互为条件，构成新兴技术群。某一专业技术取得重大进步，常常由此开始扩散、渗透，从而使原有技术系统得到改造，导致新兴产业的出现。

(1) 技术创新更加长久

联想和华为两大企业的实力消长给人很多启发。华为开始以技术打头牌，把市场延伸到全国和世界各地，由技术带动服务然后反复循环起来，技术深度伴随市场深度不断加强，成就了华为技术的竞争力。有技术含量的产品，它的毛利才更高。联想则因其注重贸易的路线致其企业竞争力下滑。

(2) 技术创新的发展路径

1) 门槛积累的过程没有那么快，但是一旦突破到某个点的时候，它的技术走向会一下子高坡度地往上走，取得较明显的竞争优势（如图2-2）。

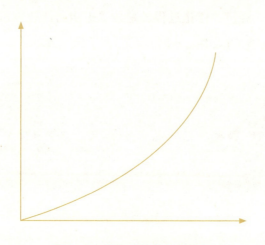

图2-2 第一种技术创新路径

2) 一开始往上走得很快，比较容易做成一件事，门槛不高，但是到了一个天花板的时候就横着走，横着走一段时间就会掉下来。这几年很多互联网开发、智能穿戴、机械手创业都是属于这个情况（如图2-3）。

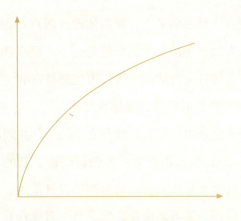

图2-3 第二种技术创新路径

3）给企业提供技术服务的路径，给企业做技术配套，处于企业附属地位。市场小、可存活、难做大（如图2-4）。

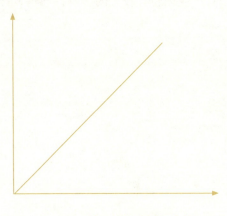

图2-4 第三种技术创新路径

这个技术创新的企业里一定要有两个角色，一个是技术专家的角色，另一个是企业家的角色。这两个角色可以合二为一，也可以分开，但是一定要有。如果是单纯的技术派，这个创业一般都不靠谱。

创新价值体现在产品和服务上，都会体现这两点：创业团队非常注重品质，且非常专注。专注产生的一个结果就是这个产品会相当有深度。一个有深度的产品它是不会被轻易打败的，爆发力也是最强的。

（3）技术创新与产业创新的"双螺旋结构"

技术创新和产业创新可以被看作既分立又统一、共同演进的一对"双螺旋结构"（如图2-5）：技术创新为产业创新创造了新的技术，技术研发方以应用为核心，进行技术集成创新，培养产品设计能力、研发能力，逐步向产业上游发展，推动产业的更新换代，提升整个行业科技水平；而产业创新往往很快就会触到技术的极限，进而鞭策技术的进一步演进。只有当技术和产业的激烈碰撞达到一定的融合程度时，才会诞生出模式创新和产业发展的新热点。只有技术创新显著地影响了企业的竞争优势或产业结构，或者能替代原有技术时，才会对产业创新有较大的影响，会诱发产业创新。

图2-5 技术创新与产业创新的双螺旋结构

荷兰经济学家范·社因在其所著的《经济长波与创新》一书指出，产品的生命周期存在于技术的发展过程中，技术的创新、扩散和更迭都会反映在产业的发展变化之中。以燃料产业为例，燃料产业经历了由木材—煤—天然气、石油—核裂变燃料—太阳能等的重大转变,每一次转变都是技术创新的产物。

(4) 投技术创新的企业的几个要点

1) 技术创新以市场为导向。国外有很多有技术积累的技术型创新创业者,一开始就知道市场的缺陷在哪,用技术去解决这个问题;而中国则恰恰相反,很多年轻人,为了研发而研发,或者跟随所谓的风口去找方向,没有真正的市场导向。

2) 技术创新的真正壁垒是技术和产业的结合。在所有影响产业创新的要素中,技术要素起着十分重要的作用。第一,在新兴产业的形成过程中,技术要素起着决定性的作用。技术要素从根本上形成了产业间的差别,可以将新兴产业从传统产业中独立出来。第二,技术是企业间竞争的重要因素。技术要素的排斥作用使产业通过技术壁垒将自己保护起来,保持自身的独立性。而没有掌握必要技术的企业由于缺乏竞争力而难以进入市场。

比如将无人机和农业结合,复杂的农业环境之下,做服务需要很深的产业积累才能把服务做好,只有跨越了这个过程才能真正形成公司的行业壁垒。技术要真正产生壁垒,需有产业深度。华为亦然,其技术积累是它的市场跟全世界市场的互动过程中接受市场反馈,然后研发,再循环,在市场的不断冲击碰撞下形成。

3. 组织价值

一个优秀的公司,必须是一个良好的组织,这一点决定了同是在趋势正确、产品正确的行业里,为什么有些公司成长起来、有些公司消失了。良好的组织有几个表现。

(1) 带头大哥要有领导力

1) 解决问题的能力。领导人的任务是带头打仗去解决问题,是从管理上、方法论上找到解决方案，而不是纠缠于具体业务。

2）能不能调动员工的积极性去解决问题。不管他用什么方法，既能调动起群众智慧，又能够杀伐果断。

3）向心力。如果他周围有很牛的人死心塌地跟他干，那么这个人一定是很强的。

（2）组织价值的核心

其实组织价值的核心是靠中层把公司的中间层骨干力量聚集起来。有价值的中层都在他这里，同行那边没有，这是一种价值，也是人才管理上的战略。

（3）组织价值优势是比创新价值还要更厉害的一种价值

一个企业能不能扩张，能不能整合这个行业，公司会不会扩大，靠这个组织价值去实现，一个企业最终靠组织价值胜出。一个组织的完善，由自我造血、自我更新、自我突破的能力去实现，这是一个核心问题。由于工作经历的原因，我们对一些大企业的衰败做过很多思考，最终认为是组织出了问题，丧失了活力和生命力，而非其他。

4. 战略能力价值

一个企业有两个主要的战略能力。

（1）要有战略生存能力，要找到自己的生命模式，要有底线思维

如毛主席自我总结成功的经验是有饭吃、能走路、有子弹能打死敌人，这三点经验就是一个企业的生存模式，也是底线思维。这是一种又简单又精准的战略，能保证生存也可以扩张。这种战略指导之下的队伍能有一个立于不败之地的机会。

（2）要有战略突破能力，突破阶段性瓶颈的能力

这点也非常重要。比如文创类的创业，动漫行业、视频行业等等，做一

个承包方、加工方,包括制造业从 OEM 到 ODM,但就是难以突破形成自己核心品牌,这也是创业里面临的一个普遍问题。

怎么去观察创业公司这种战略突破能力?可以从沟通做事的思路和做事的阶段,谈其过去每一次产品升级的过程,从而看出这种能力。另外,专注程度越深,突破的概率越大,那些动不动做平台的公司,一般都没什么机会。

5. 品牌文化价值

不管是哪一种价值,最后都体现在公司的品牌和文化上面。这是最后形成的一种品牌能力,这种品牌能力反推到刚开始创业的时候是有一些苗头的,一开始就要建立品牌文化的基因,比如给项目起一个朗朗上口的名字。如果没有品牌的基因,没有文化的总结,一个企业将来的成就也是有限的。

(六)"众创"与产业

具有创新能力的创新型人才对高新技术产业的形成至关重要,谁拥有高素质的创新型人才,谁就有可能在技术创新上取得突破,在产业创新上起到领先地位。而"众创"则是输出创新型人才的关键渠道。因此,"众创"是产业创新的时代要求,也是产业创新的最大推力。

(1)"众创"是产业创新的不竭动力

熊彼特在《经济发展理论》《资本主义、社会主义与民主》中把企业家看成"革新者",并且强调"创新"是企业家的真正职能和必须具备的素质,且只有对经济环境做出创造性的反映,以推进生产增长的创业者才能被称为"企业家"。

从企业家成长模式来考察,企业家经历了业主型企业家、发明家型企业家、经理型企业家、专家型企业家四个阶段。不同类型的企业家拥有的共同特征就是产业创新能力。产业革命本质上是企业家革命,企业家是产业革命的灵魂。企业家的创新精神是产业创新的不竭动力。

(2) 产业内企业的竞争压力也会变成产业创新的动力

竞争是市场经济的灵魂,是经济发展的不竭动力。"众创"的出现让全社会充斥着一种竞争的气息,有利于激发社会产业内企业的竞争力。在激烈的市场竞争中,要求得生存、要成为独角兽,就必须得拥有区别于其他企业的优势。而创新,就是拥有竞争力的根本。

由于竞争压力的存在,企业为了获取生存空间,一方面不断加大产品差异化的程度或开发新的替代产品;另一方面又不断突破原有产业的界限,向相关产业延伸,尤其是当产业衰退时更是如此。产业被细化、替代产业被替代或新兴产业产生就是这些过程的结果。

只有不断推出新技术、新产品,才能使企业在激烈的市场竞争中始终处于主动的地位,获得较高的经济效益;只有连续不断地进行技术创新和产品创新,开发出具有广阔市场前景的新产品,才能使众多的企业进入该领域,实现产业创新。

三、存在的问题及建议

(一) 我国产业发展过程中所面临的问题

2015 年,是中国"大众创业、万众创新"的重要一年。"忽如一夜春风来,千树万树梨花开",各行各业初创企业遍地开花(如表 2-1)。

表 2-1　全国新增企业数量数据

	全国新登记市场主体（万户）	市场主体注册资本金（万亿）	全国新登记企业（万户）	新登记企业注册资本金（万亿）
2014 年	1292.40	20.65	365.05	19.05
2015 年	1479.80	30.60	443.9	29
增长比率	14.50%	48.20%	21.60%	52.20%

经过改革开放的高速经济增长，我国产业发展与世界水平的差距正在缩小，整体的竞争力不断增强，高新技术产业比重明显提高，产业集中度有所提高，规模经济有了长足发展；国有和集体企业比重下降……在"众创"大环境下，我国产业确实得到了一定程度上的发展。但是，产业发展中依然存在问题，具体表现为以下方面。

1. **我国面临着产业升级的最大问题**

产业升级有两个方向：第一个方向是发展战略性新兴产业。第二个方向是传统（现有）产业升级。我国现有大多数产业处于价值链的底端，因而我国产业就需要升级，需要向高端走，这是我们面临的一个重要的产业发展战略任务。

2. **产业创新过程中，技术水平落后，技术创新能力薄弱**

我国大中型企业普遍技术水平比国际水平落后，能耗普遍比国际先进水平高，资源利用率低，成本高，可靠性和寿命低。一些关键产品与国际领先产品在质量和成本上存在较大的差距，我国生产的高附加值品种尚不能满足国内需求。我国产业发展创新人才短缺、外流严重，有自主知识产权的产品少，产业主体技术依靠国外。

3. 产业发展不均衡

图2-6说明了我国各个产业分布极度不均匀，信息传输、软件和信息技术服务业占的比重较高，而文化娱乐、金融、教育等方面占的比重较少。我国创业公司普遍出现跟风现象。VR热，就开个VR公司；直播热，就开个直播公司；"互联网+"更是在这两年成了一个被说烂了的"热词"。

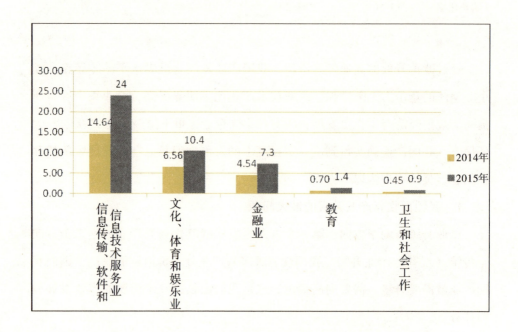

图2-6　全国新等级企业行业分布（万户）

（二）对我国产业发展的建议

1. 形成产业集群

产业集群指的是在某一特定领域中，大量产业联系密切的企业及相关支撑机构在空间上集聚，并形成强劲、持续竞争优势的现象。产业集群是有效的产业创新战略，是提高经济竞争力的有效途径。

产业集群对区域产业创新、区域经济发展，具有非常重要的实际意义。从产业结构和产品结构的角度看，产业集群实际上是某种产品的加工深度和产业链的延伸，是产业结构的调整和优化升级。从产业组织的角度看，产业群是在一定区域内某个企业或大公司、大企业集团的纵向一体化的发展，即在一定的地区内或地区间形成的某种产业链或某些产业链。产业集群的核心是在一定空间范围内形成产业的高集中度，利于降低企业的生产成本、交换成本和制度成本，提高规模经济效益和范围经济效益，提高产业和企业的市场竞争力。

2. 产业融合

产业融合是产业创新和产业发展的方式，在产业融合中发生的一系列企业合并、并购等活动塑造了新的市场结构，能有效地提高产业竞争力，能通过建立与实现产业、企业组织之间新的联系而改变竞争范围，使得新参与者进入和开辟新市场，增强了竞争性和新市场结构的塑造，有利于资源的合理配置、就业增加和人力资本发展等。

产业融合为经济发展带来了新的活力和动力，也带来了新的机会及潜在的可能性空间扩展，产业融合对产业创新和产业发展将产生巨大影响和重要作用。

3. 做好创业项目的导向工作

社会需要做好创业项目的导向工作。政府、风投机构应在创业项目上引导创业者投身到市场需求的行业中来，实现自身的价值。产业发展应多手抓，全面发展，均衡发展，才能真正实现产业创新。

四、中大创投的探索与实践

（一）中大创投简介

中大创投于 2011 年 2 月经中山大学批准成立，旨在充分发挥和利用中国高校在科技创新、产业研究和人才培养等方面的优势和资源，动员和配置社会资金，支持科技成果转化，专注股权投资、企业重组、上市及并购，并提供企业融资、财务顾问等服务，旨在推进创业创新、产业与金融聚合发展。

中大创投拥有广泛的社会关系资源、国内著名高校资源支持、专业化的管理团队、先进的管理机制、国际化和本土化相结合等优势条件，秉承"趋势投资、产业投资、生态系统、聚合创新"的投资理念，聚焦于新材料、新技术、文创、消费升级、大健康、TMT 等新兴投资领域，坚持为创业者铸就成功，为投资者创造财富。

（二）中大创投的投资理念

经过 6 年的创新、变革与发展，中大创投已形成一套自身独有的投资标准：四大维度"广深高速"。

广度，这是策略层面，就是项目所面临的人群有多广，覆盖范围有多广。

深度，这也是策略层面，就是项目能提供极具深度的产品和服务的深度。例如同样是吃火锅，但你最爱海底捞，因为海底捞的服务集中在一个半小时，让你在吃饭过程中吃得舒适，这就是服务的一种深度。

高度，这是认知层面，指的是做事和思想的境界，是否具有比现有行业更高的视野和认知。

所谈的方案不能是已成功案例的复制，一定要比同行有更高的见解，而且见解要通过公司的实际行动体现出来，有比别人更好的解决方法和更精干的团队，这才是一种高度。

速度，这是技术层面，强调的是执行力。战略即战术，初战即决战。任何人去占领市场，都有一个执行力。我们经常长期坚持地去做一件事，但是执行力得不到提高，这也是我们经常犯的一个问题。

（三）中大创投的探索

中大创投成立初期就确立以创新企业为投资方向，经过 6 年的探索与实践，现已成为中国大学创业投资机构引领品牌、全国知名创投基金管理机构，目前管理包括中创一号基金、中大创新基金、广州萌芽基金、中创崔毅天使基金、绿色低碳基金等一系列产业基金。

发展至今，中大创投现已投资 PE、VC、天使及种子轮的创业项目近百个，分布在 TMT、智能硬件、新材料、化工材料、生物技术和医疗器械等领域，所投项目在资本市场表现优秀，有的即将转创业板，有的已挂牌新三板，大部分项目已获得后续融资，投资的一批企业已成为国家高新技术企业和行业龙头。经典的投资案例包括迈奇化学（831325）、泰通农业（835398）、微凡智能、翔康技术、行影文化、乐窝公寓、圣越脑力等。

中大创投一直致力于发现并投资孵化具有潜力的早期项目，积极响应国家"大众创业、万众创新"的号召，通过设立私募基金，精准选择优质投资企业，整合资源帮扶企业，在源头支持创新幼苗的成长。

中大创投积极探索与政府、高校、社会各界的交流合作。2016 年，全国政协常委、经济委彭小枫副主任一行、广东省时任省长朱小丹、常务副省长徐少华一行、广州市人大常委会主任陈建华一行等政府领导分别莅临中大创投参观调研,高度肯定了中大创投的"双创"工作与成绩;美国麻省理工学院、台湾淡江大学、上海商学院、中南财经政法大学、中山大学、华南理工大学、暨南大学等前来中大创投参观交流,双方达成一系列的合作;中大创投还致力于达成跨界合作,与德国史太白公司、上海 InnoSpace、广州大学城健康产业园、深圳菁英时代等签订战略合作协议。如今,中大创投作为"广东省科技金融促进会副会长单位",与广东省科学技术厅和中国建设银行广东省分行合作建立"广东科技金融示范中心",共同发起"广东建粤中创科技创新基金"。与政府、金融机构和社会资本共同探索合作模式,进一步加大对早期创新创业项目的风险投资,努力帮扶创新企业成长。

(四)中大创投的线下实践

1. 开放日

中大创投开放日是每周二下午面向创业者举办的线下路演活动,每期精选潜力项目,提供指导,对接资源,并对优质项目进行投资,至今已举办100多期,约10000人参与,约500个项目进行了路演(如图2-7)。

图2-7 开放日现场图

中大创投开放日不止于路演,更像是一场创业者与投资人深度交流的头脑风暴,致力于通过锋利的交流挖掘项目的真实内涵。中大创投所投的行影文化就是当年这些路演项目中跑出来的"佼佼者"。现在,行影文化订阅号已经成为旅行行业的享誉品牌。

2. 天使下午茶

中大创投天使下午茶每期邀请三五个创业者和投资人一起喝茶聊天,从不同产业、行业的现状、困境、趋势、突破点入手,深度探讨项目的发展,拉近投资人与创业者的距离。

通过深层次的交流,创业者对行业的认识会更深刻,也能获得很多启发。有一名创业者,其项目是"95后"移动社交应用,经常前来与我们交流自己的项目进展和发现。我们建议他对"95后"用户习惯做一次深度调查,这样对"95后"的社交行为才会有真正的认识。于是,他用九个月的时间,融入中学生的生活里,和中学生聊天、逛街、吃饭,长时间下来,观察到很多"95后"移动互联网的用户习惯。当他再来天使下午茶分享他的调研结果,已完成《中学生调查报告》,还侃侃说了一些很深刻的认识,整个人思想上明显更加成熟。投资人笑称他现在是20岁的皮囊,30岁的内核。

另外,通过天使下午茶,能把同行业的创业者联动起来,每个人都说出自己的看法、疑惑、方法,就像一块块拼图,拼在一起就是一副行业的全景图;能把跨界的创业者集聚在一起,搅动不同专业、不同才能、不同智慧的人才,就像化学试剂融合在一起的那瞬间,会产生美妙的化学反应(如图2-8)。创业者除了需要钱,更重要的是对行业的认识、创业的认识、项目的认识、产业的认识、创业格局的认识,在天使下午茶,创业者都能够收获很多。

图 2-8 天使下午茶现场图

3. 焖烧会

中大创投焖烧会，是项目投资前对有意向进行投资的项目进行深度观察、分析、探讨，从而做出投资决策的一个环节。

乐窝公寓，致力于为毕业青年提供舒适智能的租住体验，为各个城市的闲置房屋提供专业深度的增值管理与服务，也是从中大创投开放日中发掘出来的精品项目。乐窝公寓的创始人潘传鹏是位退伍军人，乐窝公寓是他第一次创业。情怀是潘传鹏创办乐窝公寓的初衷，旨在解决年轻人租房价格高、体验差等市场痛点。潘传鹏先后在重庆、广州创业，致力打造"毕业后第一个家"。

乐窝公寓团队很年轻。他们思维活跃，领悟能力强，有灵性。中大创投在开放日初遇乐窝公寓项目的时候，对它比较看好。但乐窝公寓的经历和经验均有很多不足。

于是，在焖烧会上，中大创投就乐窝公寓的商业模式、盈利模式、市场渠道等一次又一次地进行深度剖析与探讨……潘传鹏也因此在乐窝公寓的管理、运营模式、成熟度上得到极大提升。后来，潘传鹏带领团队在短时间内实现了从无到有、从弱到强的快速成长。乐窝公寓提供的公寓军人管家服务、生活服务细致周到，深受年轻人喜欢，并已形成高度的用户黏性。乐窝公寓现为房屋租赁市场明星品牌，业务规模也在稳步扩张中（如图2-9）。

图2-9 焖烧会-乐窝公寓

4. 打磨大会

中大创投打磨大会将大咖级投资人组织在一起，共同对创业项目进行探讨、指导、打磨，全面剖析项目发展情况，给予项目帮助，创业者能在打磨大会获得顶级的商业智慧、建议、尖锐的批评以及各种资源的对接。中大创投已经拥有一支独具特色的超级创业打磨导师团队伍，全部由优秀投资人、行业专家、成功创业者组成（如图2-10）。

图2-10 打磨大会现场

经过打磨和实践的团队，会更快领悟其中的商业和运营之道，在公司管理、运营模式、C团队成熟度上都会得到了极大的提升。

5. 专案会

中大创投专案会，针对创业过程中团队会遇上的问题进行专案解决，为创业团队提供量身定做的指导。联合军演，联合已投资项目协同合作，各施所长，共同完成一些大型活动，韩国歌手郑淳元在广州的演出，就是创业团队协同合作的某个成功案例。

对创业投资来说，假设1年内收到1000个项目，可能会对100个项目感兴趣，但可能在这海量的项目当中，真正能达到投资标准的只有10个不到。但不管有没有投资，在这耕耘之路、奋斗之路上，通过这一系列的创业服务、创业辅导活动，对创业创新者相信都有帮助、启发，中大创投在创业投资的路上也越走越坚定。

（五）总结

"创新、产业、国家、民族"是中大创投探索创新产业的基本理念，通过对创新源的发现和培育，扶持创新企业，支持新兴产业的发展和壮大，促进传统产业的转型升级，从而提高国家的国际竞争力，为中华民族的振兴和中国梦的实现贡献力量。

引言

随着大众创业、万众创新的时代到来,创业者如雨后春笋般出现,小微型的创新企业呈遍地开花之状,并成为我国经济增长新引擎。但面对近来中国经济下行压力与资本寒冬,小微企业的成长更是雪上加霜,狭处逢生,构建集约式、开放式的众扶平台成为时代的呼声。众扶平台通过政府和公益机构支持、企业帮扶援助、个人互助互扶等多种途径,帮助企业实现资源、数据、资金、思想的整合,帮助企业融资、融智,已经成为企业成功助推器。本章将详细介绍现时众扶平台发展情况,并以云珠沙龙作为典型案例,解读众扶生态系统的构建以及运营模式,为读者提供指导和实操建议。

第三章 众　　扶

一、小微企业现状与众扶

(一) 经济结构调整下,小微企业狭处逢生

近年来,随着国民经济结构性矛盾的日益加剧,小微企业已经逐步发展为促进经济的新引擎。根据我国有关工商部门统计数据显示:截至 2015 年中旬,已注册小微企业 4300 万户左右,约占我国企业总量的 4/5,为我国国民经济贡献了约 50% 的 GDP。小微企业已经发展成为促进国民经济发展,解决就业,和推动产业结构化调整的中坚力量。毫无疑问,从过去的后工业化时代发展到现在的互联网时代,小微企业正发挥着越来越重要的作用。然而,我国小微企业却始终面临着严峻的生存危机。据不完全统计,小微企业平均只有不到 3 年的存续年限,这严重阻碍了其重要作用的发挥,亦有损于我国国民经济的健康有序的发展。如何解决小微企业"高死亡率,低存活率"的历史难题一直为学术界和管理学界关注。

（二）众扶平台成为推动小微企业发展新模式

随着大众创业万众创新的时代到来，创业者如雨后春笋般出现，中小型的创新企业也成遍地开花之状，他们成散落式分布，大大加大了政府、社会对其的关注与帮扶的难度。此外小微企业的组成主体开始变化，从原来的个体户逐渐转向以技术创新、模式创新的公司制企业。小微企业正由原来的劳动密集型企业往脑力密集型企业转变，企业主的经验和管理水平也随之提高，小微创新企业成为国家产业结构调整的创新原动力。

面对近来中国经济下行压力与资本寒冬，小微企业的成长更是雪上加霜。个人英雄主义在互联网时代不再奏响，不少企业开始抱团取暖。商会、协会成为主要载体，由于服务模式传统，难以解决小微企业成长过程中的多样化需求，不少协会沦为形式主义，甚至起到反作用。随着各行业的非政府组织（NGO）和互联网化平台兴起，小微企业开始通过新渠道、新模式、进行聚合创新、资源整合。构建集约式、开放式的众扶平台成为时代的呼声。

二、众扶的意义

"众扶"字面意思可以理解为众人相互帮扶。众扶平台是指通过政府和公益机构支持、企业帮扶援助、个人互助互扶等多种途径，共助小微企业和创业者成长，构建创业创新发展良好生态的创新形式。主要通过开源社区和网络互助平台的公众互助众扶形式，汇聚相关行业、企业、政府、学者、媒体、投资机构，共同讨论行业趋势，对接上下游资源，实现资本与企业、资本与科技的对接。

众扶是弥补市场失灵的重要手段。在商业服务体系下，创业者的大量低成本创业服务需求无法满足,众扶可为创业者提供商业性平台所无法提供的资源和帮助。众扶机制正在成为国家创新体系中日益重要的基础环境,为创业者提供重要的安全保障,促进经济社会的内生良性循环,最后达到促进企业成长、企业管理者思想革新等目的。

三、众扶平台的种类与运营模式

(一)公众互助众扶

公众互助众扶是以互联网社区或线上线下融合的社区为主要组织形式开展的公众互助。平台通过互联网,并利用线上线下资源进行互助。天使投资、慈善、指导帮扶成为主要的帮扶方式,支持创业者创业,解决中小企业融资贵融资难问题,并通过网络平台、线下社区、公益组织等途径扶助大众创业就业,营造深入人心、氛围浓厚的众扶文化。

(二)社会公共众扶

社会公众众扶是指政府、公共服务机构、基础教学和研发机构、行业组织、第三方服务机构等对于小微企业和创业者的扶持帮助,涵盖范围广泛、形式多样、发展迅速。在数据开放方面,如上海公共数据开放平台即上海市政府数据服务网近三年的网站下载量已超过55万。在科研基础设施开放方面,截至2015年8月底,中科院系统全国14个区域中心开放科研设备超过4700台/套,北京大学实验室与设备共享系统已登记1754台/套科研设备,上海、广东、深圳等地试行的创新券政策为小微企业提供了免费使用科研场地和设施的机会。在产业联盟方面,如TD产业联盟(TDIA)在10余年间组织数十家联盟成员共同规划、研发、测试、推广，实现了 TD-SCDMA 成功商用，推动了 TD-LTE 的商用化进程。为创业者、科研工作者提供服务的能力，降低大众创业、万众创新的成本。

（三）企业分享众扶

企业分享众扶是指领军企业、有条件的企业、技术领先企业通过生产协作、开放平台、共享资源、开放标准等方式，贡献资金、技术、经验等资源，带动上下游小微企业和创业者共同发展。并发起或参与设立公益性创业基金，开展创业培训等形式，分享企业的资源和经验，公益性地为有创业意向的科技人员进行全方位、系统性、实战型的创业能力培训，形成大企业帮扶小企业的社会氛围，促进产业生态的良性发展，履行企业社会责任。在分享技术方面，我国的企业间专利合作在自主技术发展过程中发挥了积极作用，例如 AVS、TD-SCDMA、WAPI、CBHD、CMMB 等领域的合作都取得了宝贵经验。

四、众扶的现状

（一）参与主体单一，缺乏市场基因

目前，众扶平台的实施主体多为政府机构、行业组织。缺乏市场基因，平台的盈利能力较低，不少众扶平台的运营来源于政府的补贴或者组织成员募捐的经费，使得在众扶参与的主体不够广泛、众扶的形式不够丰富，其中外部性和公益性成为众扶平台尤为明显的特征，导致平台的影响力和效果大大减弱，进入恶性循环。甚至部分自发 NGO 组织因此而停止运行，未能更大更好地辐射到社会各个层次，全社会互扶互助的文化氛围还远未形成，盈利模式的探索成为众扶平台生存的关键。

（二）企业缺乏开放性，企业众扶有待提高

企业资源共享与开放性较差，企业分享众扶的发展还处于初级阶段，特别是大企业对于各类资源、技术、平台、能力等的开放非常不足。在开放平台方面，国内出现了大量支持开发者低成本接入、共享用户和能力的互联网开放平台，但此类平台目前多数依托商业服务，平台的公益性还有待提高。

在开放标准方面，目前在国内市场上居于主导地位的跨国公司或本土厂商依然大量使用应用软件接口、通信协议、行业数据格式、硬件接口等私有标准，对产业链合作、公平竞争和公众创业创新带来了阻碍，倡导开放技术、共享知识产权的开放标准社区十分薄弱。此外，公益性的创业援助还十分缺乏，大企业对公众的基本性专利共享在国内还很缺乏。

（三）政府公共信息资源开放程度不足

在社会公共众扶领域，还存在多方面的问题。一是各级政府在相关行业领域的公共信息资源开放不足，一些领域数据开放的范围、程度以及数据开放平台的建设有待进一步加强。二是科研设施共享服务机制需不断完善，共享服务水平有待提升。三是企业与学校、科研院所或应用部门之间的联系、沟通和协作机制还不够顺畅，在部分行业或区域的市场主体之间、产学研用之间尚缺少相互扶持和合作，合作平台和机制的建设需要加强。四是行业协会或产业联盟、社会创业服务体系的发展还无法满足创业需求，创业企业难以便捷利用区域或产业链、创业服务体系的资源，创业门槛、成本还需要进一步降低。

（四）公众互助众扶文化氛围还未形成

全社会互扶互助的文化氛围还远未形成，公众互助众扶还需大力支持和弘扬。一是我国开源社区的发展还停留在传播理念、推广项目和提供交流平台的阶段，未能发挥互助协作的功能。一些国内领军企业还缺少对全球性开源社区的深度参与和贡献，国内开源社区更缺少大企业的带动，成功的开源项目和资源较少。二是开发者社区的互助功能还未发挥。国内一些大型ICT技术社区常举办技术沙龙等社区活动，但多结合了商业性目的，还需要在公益性众扶形式上有所创新。三是目前捐赠平台多局限在生活或基础服务领域，以资助民生、扶贫帮困、希望工程、环境保护等目标为主，较少扶持创业创新。

五、众扶平台商业模式研究

（一）西门子中国研究院高科技企业化中心（TTB）

西门子中国研究院高科技企业化中心（TTB）于2005年在上海成立，是西门子内部专门寻找外部突破性创新技术的部门。西门子TTB通过对外部突破性的创新技术进行系统地搜寻、辨别、评估、验证和孵化将其与西门子的业务相结合实现商业化。这些创新技术可能来自初创企业，个人发明家，研究机构或实验室。此外，西门子TTB还将不同领域的技术建立联系，打造全新的产品和服务。通过系统地搜寻、辨别、评估、验证和孵化，推动创新成果与西门子的业务有效融合，推动社会创新，是企业众扶的典型案例（如图3-1）。

图3-1　Demoday项目路演日

1. 整合国内外资源，促进科技成果转化

此外TTB与上海杨浦区"创智天地（InnoSpace）"创新科技园进行合作，启动了"工业4.0创新加速计划"，2015年启动以来已成功举办两期。两期创业加速计划共有七个创业企业入选，这些入选项目在InnoSpace创业集训营里不仅得到了来自西门子权威专家导师的定期指导，也得到了InnoSpace方面就创业相关的人才招聘、市场推广、融资路演等系统化培训，并通过最后的Demoday（项目路演日），获得了不少媒体和投资机构的关注。他们借助西门子提供的技术、市场等资源，"站在巨人的肩膀上"，快速成长。

2. 扶持上下游小微企业，推动大企业本土化创新进程

不仅在上海，西门子还在武汉和无锡成立了类似的开放式创新中心，与当地政府和中小企业合作，推动创新产业的发展。此外西门子也与高校开展合作。2013年，公司与上海交通大学合作，成立西门子—上海交大燃气轮机

第三章 众扶

创新中心，各出资50%。该创新中心每年都会启动3到5个项目。此外，公司与同济大学在2007年就城市基础设施、可持续发展领域进行合作，涵盖交通、楼宇、环境、汽车、节能材料等领域。企业创新不应全部来自内部，外部创新才是大企业的创新突围模式。西门子通过与本地的孵化器、创业园区结合，一方面帮助了中国中小企业的孵化和发展，同时推动了西门子的业务创新以及上下游企业的整合。实现了小微企业之间的相互协同，同时也帮助大企业实现本土化落地，达成企业众扶模式的可持续化发展。

（二）中国双创在线（www.shuangchuang.org.cn）

中国双创在线（www.shuangchuang.org.cn）（如图3-2）是国内首个专门服务于创新创业的网络众扶平台。平台主要定位为：创业创新者的"后台服务器"，完善所需的创业公共产品和服务，为创业者提供所需的资讯。从

图3-2 中国双创在线网站

创业活动展示、政策在线咨询到创业创新资讯等功能一网打尽，整合各地相关的孵化器、创业活动资源，为创业者提供便捷的线上服务。

线上服务为主导，导致缺乏落地性

中国双创在线，整合了创业活动、孵化器、创业资讯等多方信息，增加了社会公众对双创的认知与参与度，但平台以线上模式为主导，导致了平台落地性较弱。众扶平台的关键在于社群，平台如果无法激活社群，资源无法双向流通。

政府应充当平台方和资源的整合方，利用平台的专业性和影响力，实现资源、活动、资讯的整合，并作为社会公众众扶、企业众扶的载体和参与渠道。推动创业服务机构、行业组织、投资机构、创业者、科技创客聚合创新。

（三）创业沙拉（startup salad）

创业沙拉是一个持续 52 小时的，全国巡回的创业活动，活动也是由腾讯开放平台大力支持。通常在一个周末（周五晚到周日晚）内举办。参与者现场展示自己的点子，当场组成创业项目团队，并在之后的两天时间内，让一个新鲜的创业项目实现 0 到 1 的突破（如图 3-3）。

参与者在周五晚提出他们的创业想法并围绕这些创业点子组成小组，在该周末讨论并做出产品雏形。周六，主办方邀请各路大牛导师（导师有知名企业高管、技术大牛、投资人、媒体、法务等）来和参与者们进行零距离交流并提供意见；周日晚上，各团队面对投资评委进行项目展示。评委一般由投资人或知名创业者、企业家担任。活动最终，会以大众投票＋评委打分的方式，决出前三名，并颁奖。

图 3-3 创业沙拉

1. 民间公众广泛参与，成为准创业者的创意的试验地

创业沙拉属于社会公共众扶平台，平台采取自愿者发起加品牌开源的形式，让对创业感兴趣的公众都能参与其中，并担任活动的组织者和发起者。不少组织者来自互联网、投资机构、媒体等行业的创客，在社会公众的努力下，使平台迅速地辐射到全球各地。同时平台帮助准创业者体验创业，已经成为准创业者创意的试验地，启发了人的创造性和参与度，提升社会公众的创新意识。

2. 项目实验性强，后期对接服务缺失

活动门票费用和广告赞助费用是创业沙拉主要盈利模式，但是平台在项目的后期对接服务体系建设缺失。此外，52小时活动产生的项目仅是雏形，实验性强，但缺乏市场验证。导致项目进入市场后，遇到的变量的复杂性和不可预估性远超组织者头脑风暴的范围。最终项目更多的是存于创意阶段，不过黄粱一梦。所以搭建资本对接的渠道，引入风险投资是公众互助众扶平台的突围之路。

六、云珠沙龙——中国首个跨界创新众扶平台

（一）背景和介绍

随着经济动能的转变，创新成为时代的主旋律，但创新的定义随着时代变迁而发生改变。过去中国三十年，水平式创新带领着中国从物质匮乏到富饶，甚至泛滥。国内不少代工制造厂，随着生产技术不断更新，单品出产成本不断压缩，工厂产值每年上升，屡破新高。业务创新、技术创新成为企业的巨大难题，机械性再生产导致中国产业结构走进了困境。迈入21世纪后，水平创新的弊端越趋明显。随着互联网的普及与全球经济危机的爆发，市场运营法则开始改变，人们消费从理性变为感性，从渠道为王，到产品为王。传统企业被互联网冲击得遍体鳞伤，线下零售业、制造业一片萧条，小微企业的成长速度急速下降。

在此困境下，全国各地企业开始探索跨界创新之路，其中阿里巴巴、名创优品、格力电器等企业更是先行先试者，他们凭借着产业与资源优势，通过战略并购、股权投资等金融手段，实现了业务多元化和产业链整合的目的，逐渐形成产业生态。学科、产业交叉处将成为未来的经济新增长点的孕育地。但实力微弱的小微企业面对市场的种种变化，迷茫不知前路。创新思想和创新人才培育是企业转型的关键，这一切单靠高校、政府的教育往往不够，社会众扶平台成为推动跨界创新的重要力量。

第三章 众扶

（二）跨界创新众扶：从一场艰难的公益开始

中国首个跨界创新众扶平台——云珠沙龙正式于 2013 年 8 月成立，平台由原中山大学岭南学院院长、中大创投董事长舒元教授创立，平台取名于中山大学校歌"白云山高，珠江水长"（如图 3-4）。云珠二字特具岭南色彩，也是岭南学院红灰精神的延伸与传承，此外白云山和珠江水代表着岭南地区的高度和广度，体现了平台"传播跨界思维、汇聚社会创变力量"的宗旨，平凡而伟大的梦想。平台希望通过企业家互助的形式，联动产、学、研、政、金、媒等各方力量，把全球最前沿的创新商业思想、商业案例通过公益沙龙、论坛的等形式传递给社会公众，达到开启民智的目的，推动中小企业主思维创新。

图 3-4 舒元教授与原广百副总经理黄荣新交流

1. 发展历程

2013 年 11 月 16 日，第一期云珠沙龙在中山大学的一间课室举行，疏落可数的参会人员，一杯茶，一个饭盒，谈笑间度过了 6 个小时。就是这样，

六众之路
——创新产业孵化探索

一场简陋而不简单的分享沙龙,开启了云珠沙龙跨界创新的众扶之路。

2013年以来,云珠沙龙每周风雨不改地举办线上线下沙龙,至今已经成功举办170多场活动。沙龙打破了原来高校单向传授的模式,除了嘉宾分享,还设有互动、提问环节,观众也能抒己见,向嘉宾请教企业运营所遇到的问题。嘉宾与参会者热烈探讨,唇枪舌剑的情景时有发生。每次活动结束后,观众都迟迟未离开,讨论着企业所遇到难题与未来方向,云珠沙龙已经成为华南企业家思想交流、资源整合的平台(如图3-4)。

已经有超过300位嘉宾登上云珠沙龙的舞台,公益性地为企业家、创业者分享其对行业热点的看法,话题包括前沿科技、商业模式创新、产业互联网、文化创意等领域。参与分享的嘉宾来自各行各业,包括百度、阿里、腾讯、UBER、亿航、洛可可等创新企业以及IDG资本、赛伯乐投资、德丰杰等著名机构。云珠沙龙得到政府、社会、企业和媒体的广泛认可,开启了社会、政府、企业互助的众扶新模式,已经成为中国众扶平台的先行者(如图3-5～图3-6)。

图3-5 2015年11月,云珠沙龙被科技日报誉为华南创业沙龙第一品牌

第三章 众扶

图3-6 CCTV-2财经频道《交易时间》栏目对云珠沙龙进行报道

资料4：

"众创空间"是包括创客空间、创业咖啡等孵化器模式的新型创业服务平台的统称。2015年1月28日，国务院常务会议确定支持发展"众创空间"，并为创业创新搭建新平台提供政策支持。以下是有关"众创空间"的几个具体案例。

案例2：

在中大北门附近的巷子里，有一栋不起眼的楼房，走进去却别有洞天：拥有350个卡位的大办公间里，上百名青年在用电脑工作；小会议室和办公室里也都举办着各种项目的讨论会。这里是刚刚建立一年多的中大创新谷，入驻的团队不仅可以得到工商注册、财务、法律咨询服务，更有专业的行业分析和前景指导。这里常常举办云珠沙龙、云珠风暴会以及云珠论坛，邀请行业相关人士与数以千计的青年一起分析、讨论创业经验和产业态势。创新谷还联合知名投资机构以及天使投资人，共同指导、打磨项目，并予以投资。

——2016年4月，云珠沙龙作为众扶案例写入广东省公务员考试申论试题

2. 云珠沙龙帮助企业融资、融智，成为项目成功的助推器

2015年3月26日，中国人民政治协商会议全国委员会（简称全国政协）副主席彭小枫带队考察云珠沙龙（如图3-7），并在谈话会上提出："筛选出好的鸡蛋，才能孵出健康的小鸡，那些时间长的，甚至没有受精的鸡蛋，先把他排除。"彭小枫把发掘有价值的项目比喻成寻找健康的鸡蛋，在寻找"健康鸡蛋"这一环节云珠沙龙承担着重要角色，帮助投资机构寻找优质项目，帮助创业者实现融资，解决了中小企业融资难、融资贵等问题，为小微企业融资、融智这正是众扶平台的意义所在。

图3-7　全国政协常委、经济委员会副主任彭小枫带队考察云珠沙龙

云珠沙龙一直以来致力帮助企业家从全球范围内获得思想、获得人才、获得宣传、获得投资。三年以来云珠沙龙的累计参与活动人数达10万人次，已成功帮助3000多家企业实现资源、融资等需求对接，成为众多项目成功的"助推器"，微凡智能更是其中的典型案例（如图3-8～图3-9）。

第三章 众扶

图3-8 CCTV2《交易时间》栏目对微凡智能进行专题报道

阎丽博士是微凡智能创始人,具有丰富的研究以及眼科技术经验。她通过云珠沙龙众扶平台,结识了美国Scripps研究所博士黄静峰、暨南大学医学院附属黄埔中医院院长郝建军、中大创投总裁郑贵辉、广东医谷执行总裁谢嘉生等行业资深人士,并在交流之中萌生了创业的想法。随后顺利获得广东医谷、庖丁技术的种子轮投资与技术支持,并进驻中大创新谷进行孵化。

图3-9 广东省人民政府省长朱小丹与微凡智能创始人阎丽博士进行交流

微凡智能通过虚拟现实（virtual reality，VR）技术实行为神经可塑修复技术，完成系统神经缺损相关疾病的虚拟治疗目标，有效地提高治疗效果和使用的方便程度，为几千万患者实现精准移动医疗服务。在短短的半年时间里，微凡智能在专家的打磨和指导下，把产品迅速推向市场。现产品已覆盖全国 50 多家三甲医院，日受益门诊患者将近 300 多人。在未来，微凡智能将继续加强交叉学科间的联动，打造一个结合视听动统合、老人认知健康、神经修复、儿童行为发育干预的互联健康智联空间，实现 VR 技术的跨界创新。

3. 促进企业与市场嫁接，实现生产导向调整

我国宏观经济运行中供需错配矛盾日益突出，消费供给跟不上消费升级步伐是小微企业面临的普遍现状。民众到国外抢购智能马桶盖、化妆品、婴幼儿奶粉屡见不鲜，也从一个侧面说明了我国初级消费市场饱和，高端产品供给不足的现象。一些企业"埋头苦干，拼命生产"，致使库存积压、利润微薄，甚至亏损甩卖，令人痛心，这就是典型的供需脱节。加强小微企业与市场的对话能力，是去产能、去库存的关键。

为了更好地推动供给侧的改革，云珠沙龙走进佛山、中山、珠海等制造业重镇，每季度举办跨界创新大会（Transindustrial Innovation Conference，TIC），每届大会邀请具有跨行业背景，拥有特别建树的国家政要、产业领袖、专家学者、媒体界代表进行分享，从科技、资本、设计等角度剖析行业现状，预测产业前景，把市场需求传递给生产企业，搭建企业与市场对话的平台，实现供给和需求的"无缝衔接"（如图 3-10～图 3-11）。

第三章 众扶

图3-10 2016年10月22日TIC跨界创新大会,科技创新智造未来将佛山潭州国际会展中心

图3-11 LKK创新设计集团董事长贾伟分享工业设计创新与传统制造升级的关系

4. 搭建上下游资源整合平台,实现协同生产

近年来,我国传统要素增长红利放缓比较明显。据有关专家测算,2005年每新增1个单位GDP,需要增加投资2.4元,2009年攀升至3.6元,2015

75

年更是达到4.5元的较高水平。投资边际效应呈现递减趋势。经过多年快速发展，不少传统产业已相对饱和，达到了物理性峰值，企业普遍面临着成本上升与订单减少，一部分企业处于停产半停产状态，陷入"经营困难—产品老化—供过于求—经营困难"的恶性循环。单靠个体企业本身已经无法实现突破，企业间的协同生产、上下游资源整合式企业突围的关键。其中大企业与小微企业联动将是重点的探索方向，但由于企业间的经济实力差异，导致两者交流甚少。

为此云珠沙龙与中国建设银行科技金融创新中心联合举办科技金融沙龙，通过沙龙把行业龙头企业与行业新型企业实现联动，实现企业间资源的互补，达到协同生产的目的（如图3-12）。同时云珠沙龙引入风险投资机构、众筹平台、银行等金融机构，并为创新企业提供一个全生态、全链条的金融服务平台，一方面解决企业融资难融资贵问题，另外一方面满足企业业务延伸与创新的需求。

图3-12 云珠沙龙与中国建设银行联合举办的科技金融沙龙

5. 培育创新基础环境，为企业提供创新人才

众扶平台除了是弥补市场失灵的重要手段，更是大众创业、万众创新支撑平台的一种创新形式，对培育创新思想和创新意识带来倍增效应，也是创新驱动发展成为国家战略的必要条件。众扶机制正在成为国家创新体系中日益重要的基础环境，为企业提供重要的人才的保障，促进经济社会的内生良性循环（如图3-13）。

图3-13 参会观众踊跃提问

（三）云珠沙龙众扶平台生态建设

1. 构建思想、社群、资源三位一体生态体系

经过三年的探索，云珠沙龙已经构建成为思想、社群、资源三位一体的

众扶生态体系，通过媒体、活动、社群等载体实现资源的高效连通，与著名风险投资机构、金融机构、产业集团、媒体报业集团、高校、政府单位、行业协会深度合作，形成创新创业的资源、信息流通网络，帮助企业从全球范围获得思想、资本、人才、资源，实现跨界对话、异业交流（如图3-14）。

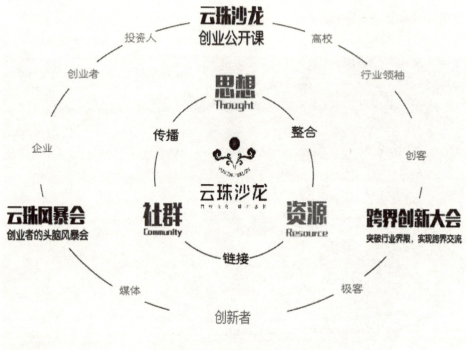

图3-14 云珠沙龙生态体系

2. 思想分享是众扶平台的运转的基础

目前市场上，许多普遍性问题都是靠企业来解决，人才、技术、数据都聚集在企业里，而企业的文化是封闭的，他们把此视为知识财产，并以此作为企业的竞争优势，这就导致了许多解决问题的知识、技术都在企业里积累出来，却不能分享到社会上。按这种模式发展，久而久之会出现的问题是，解决问题的能力向大企业倾斜，而普通个人或者小企业没有能力解决这些问题。

面对这种情况，我国政府正积极地与各大跨国企业通过建设实验室、开源数据平台的形式加快企业技术和数据的开放，希望通过企业众扶的形式解决中小企业技术难题，但成效并不明显。问题在于中小企业与大企业相比技术水平悬殊，数据接口不兼容。其中，更为重要的是技术、数据的运营知识的缺乏，大企业进行知识和研究成果的分享比技术开源更为重要。

所以知识分享将是众扶平台运转的基础和核心，传播哪类型的知识、通过怎样的传播方式将影响着众扶平台的定位与发展。

3. 建设公共知识库，开启中小企业主商业思维

企业家的思维决定了企业的发展水平，尤其对于中小企业来说更是如此。由于历史原因，中国的中小企业主的认知水平以及思想的接收渠道受限，导致生产和经营方向与时代背离，也是中国经济结构调整困难的重要原因。随着互联网和新媒体的兴起，前沿的商业资讯开始在民间广泛传播，大大增加了中小企业主的信息获取渠道。但这信息的分布和传播不规则性，导致信息的收集和获取的成本随之提高。

面对此情况，云珠沙龙通过举办创新沙龙、论坛等活动，邀请嘉宾分享行业前瞻看法，把各方成熟的、先进的思想传授给中小企业主。并且把嘉宾演讲内容和最新的商业案例进行整理，通过新媒体平台、流媒体平台等进行二次传播，并建立企业商业案例库，大大提高了中小企业主的普遍认知，激发社会的创造能力（如图3-15）。

| 今日头条 | 官网 | 微信公众号 | 喜马拉雅 | 搜狐新闻 |

图3-15　云珠沙龙企业商业案例库

4. 社群运营是众扶平台维持的关键

纵观现时的众扶平台，无论是政府主导的数据开放平台，还是企业、行业组织举办的沙龙、论坛，民间的参与度和热情往往不够，参与人群之间的关联和协助性较弱，活动过后的参与者间的对接与跟进缺失。众扶是一个漫长的过程，单靠一次活动是难以促进两方的需求对接，所以建立一个稳定、垂直的社群对运营众扶平台尤为重要，没有社群就没有后期持续的对接与交流，最后导致资源无法连接，所以社群的运营成为众扶平台的关键。

5. O2O 运营模式，增加社群黏度

O2O（online to offline）模式，又称离线商务模式，是指线上营销线上购买或预订（预约）带动线下经营和线下消费。随着互联网的快速发展，O2O 模式已经从电商行业延伸至各个行业，尤其对众扶平台起着重要影响，打破了以前单纯线上交流 BBS 论坛的形式，众扶平台也开始了 O2O 的运营模式，加强用户线下的联动和交流。

第三章 众扶

社群是一群志同道合的人的聚集与连接，线下活动更是保持社群生命力和活跃度最为重要的保障。人与人之间的连接，只有在高频互动中才能强化成员彼此的链接，增加成员的归属感。《大连接》的作者尼古拉斯·克里斯塔基斯认为参与（即重复的合作性互动）能够建立信任并增加关系的价值。假如众扶平台只提供线上交流平台，解决了信息流通和发布的问题，若没有提供见面机会，彼此很难产生信赖。

所以云珠沙龙每个月举办 8 场活动，线上线下沙龙同步进行，并根据行业和时事热点组建讨论群，让用户通过线上平台进行交流，并通过线下活动进一步交流。不少创业者凭借线下的路演活动和分享沙龙，结识事业合伙人、获得投资机构的投资等。

6. 资源共享是众扶平台的最终目的

企业的发展离不开各要素资源的组合，如技术、资本、人才、思想等，其中资本更是企业发展腾飞的关键。原国家经贸委调查表明，小微企业在创立初期，企业资金主要是自筹资金，来源于民间投入。企业步入经营和发展阶段后，间接融资即贷款方式也就成为中小企业融资的主要渠道，小微企业的融资模式单一成为小微企业发展的制约。

近年来，我国高新技术企业的突飞猛进，但由于科技企业的判断标准与传统企业大为不同，现时的金融服务难以满足其要求。许多小微科技企业在发展过程中面临资金缺乏、融资困难等问题，阻碍了企业的进一步发展壮大。创新的金融服务尤为重要，单靠金融机构本身的创新往往不够，因为金融企业传统的信贷业务流程复杂、臃肿难以适应小微企业，引入风险投资、股权投资才是完善融资体系的核心，构建多层次的融资体系成为政府、企业、金融界的共识，在推动融资体系的完善和联通上，众扶平台起着重要作用。

7. 众扶平台成为金融资本的连接器

云珠沙龙与中国建设银行科技金融创新中心、广东科技金融服务中心、中大创新谷、中大创投、海鳌众筹等机构达成合作，为创业者提供科技金融、股权融资、收益权融资、企业孵化等服务，并定期举办垂直行业路演活动，邀请股权投资机构、金融机构、众筹平台、行业上下游企业参与其中，实现VC、银行、互联网金融三者联动的模式。解决企业不同发展阶段的资金需求，并为其注入发展所需要的行业资源。

此外云珠沙龙凭借自身的专业能力，对项目进行判断和划分，大大降低了金融机构的筛选工作。与其他互联网金融平台相比，由于众扶平台具有相关行业专业性，大大提高了融资的成功率。并且帮助创业者引入相关的战略投资方，而非单纯的财务投资者，投资人对企业提供资金支持以外，并提高相关的资源支持，为投融资双方提供一个便捷、高效的融资平台。

七、众扶与社会创新

作为中创集团的"众扶"平台，云珠沙龙担起着培育社会创新氛围，推动企业互助的社会重任。同时众扶平台也是推动社会双创的基础土壤，在未来云珠沙龙希望通过媒体、活动、资源三者联动的模式，为企业家提供一个跨界连接与创新思维开启的平台。

（一）积极推动公众互助众扶，培育创新氛围

随着互联网时代的到来，不少传统企业都面临着转型的压力，其中企业人才结构的调整是转型过程中遇到最大的难题，其中对中小企业影响尤为严重，因为他们缺乏系统的人才培育体系和人才的吸纳渠道，依靠以前的人才

培育方式，已经无法满足众多转型企业对人才的要求。众扶平台成为培育创新人才的新型渠道和模式。

1. 众扶平台与高校联动，培育全社会创新氛围

现时的众扶平台主要由企业与行业组织牵头发起，更注重企业间的互助众扶，忽视与高校的联动。然而企业的发展离不开人才，高校既是企业乃至社会的创新的原动力。为了更好地消除人才的供给与市场需求错配的现象，解决企业招聘难的问题，众扶平台应该走进高校，通过沙龙、论坛的活动，让行业的先行者和著名企业家到高校进行分享，让大学生接触到现时行业的最新资讯，同时帮助企业找到合适的人才。

2. 政府牵头建立创业信息发布平台，让社会大众参与其中

随着大众创业、万众创新的战略贯彻落实，企业、行业协会、政府机关、高校纷纷举办创业比赛、论坛、沙龙以及训练营等活动，但信息的发布和传播渠道单一，更多停留在小部分圈层传播，此外由于众扶平台盈利模式单一，活动门票费用成为平台盈利模式之一，导致准入门槛提高，降低了社会公众的参与热情。另一方面，现时的大部分创业比赛面向高校以及部分细分行业，社会公众对其缺乏了解和认知。面对此情况，政府应牵头建立创业信息发布平台，把创新、创业相关的活动信息进行整合，让社会大众可以即时了解和参与活动。除了开放参与的渠道外，更应该通过补贴等形式鼓励社会大众和民间机构自发性地组织沙龙、论坛活动，实现正向循环，让社会大众也参与到双创的浪潮之中。其中广州市天河区政府建立的"天英汇"就是典型的案例，平台通过整合了大量的创新、创业活动以及定期举办创业比赛，并通过活动补贴形式，吸引全省各地的活动落地天河，并鼓励民间自发举办活动，让创新人才向天河聚集，为天河区企业提供创新人才的保障，实现政府、企业、民众参与的众扶模式。

(二)建设实现数据共享平台,实现中小企业供给侧改革

随着改革开放的深化,生产力的解放,大量的生产、消费数据也随之产生。国内不少大型企业开始利用云技术、大数据等方式对生产数据进行分析,企业从原来的预测性生产转为数据导向生产,大大节省了生产的浪费。同时也是改变企业产品同质化,实现供给侧改革的关键。但现时大数据的应用主要提留在大企业层面,中小企业对大数据的应用和了解甚少,根本原因在中小企业难以承担起大数据的开发和使用的费用。反之也导致我国大数据利用效率极低、数据的获取渠道主要来自大企业等窘境。如何盘活这些海量的数据资产是当下大数据应用和开展社会众扶的核心议题。

对于上述问题,可以从以下几个方面去思考解决。

1. 政府牵头建设公共信息共享平台,推动数据运作与利用

在我国,社会80%以上的公共信息资源都掌握在政府及公共机构手中。如果这些数据不开放,不但企业和个人会缺少极具价值的数据来源,同时大数据技术也缺乏了进一步的数据支撑。因此,各级政府应不断推动公共信息资源的共享体系建设。加快基础性科技的图书、文献等公共科技资源和公共数据等信息资源的开放共享,能大大提高各类公益事业机构、创新平台和基地的自我更新能力,为创业者、科研工作者提供更优质的服务做铺垫。而每一次为科技创新企业提供数据指导,或许就为企业的进步省去了大量的数据资源投入。这也是集思广益解决行业难题之道。与此同时,高校和科研院所如果能向小微企业和创业者开放软硬件科研设施,则能将大大降低大众创业、万众创新的成本,最后为高校的科研提供正反馈。

2. 行业巨头完善信息接口,提高企业对消费行为分析能力

近年来,从互联网企业到电信、金融等行业,都已开始采用各种大数据

分析和服务，以搜索巨头百度为例，目前百度拥有两种类型的大数据，分别是用户搜索表征的需求数据，和通过爬虫、阿拉丁获取的公共 web 数据。这些数据可以挖掘政治、社会、文化、商业、健康等领域的数据，为中小企业提供消费者行为的行为分析和挖掘服务，大大降低了生产与需求的错配，提高企业资源的有效利用。

（三）打造政府、行业组织、企业联动的跨界创新众扶平台

产业互联网正在给全球经济带来深远影响，让产业边界变得模糊，产业间联动紧密，并在产业交叉处催生新业务、新模式，孕育着伟大的增长点。当下，随着传统企业的转型升级和新兴产业的互联网发展，以"互联网＋"引领风潮的创新融合催生出一股跨界潮，形成任何一种产业形态几乎都不能脱离互联网的趋势。近年跨界创新案例频繁，恒大踢球卖水、丁磊养猪、雷军卖小米手机等都是典型例子，企业开始通过跨界品牌合作，拓展更大的传播思考空间，开创更大的市场空间，跨界创新已经成为每个企业必须思考和正视的命题。跨界、跨行业已成为社会经济发展的新常态。

1. 跨界营销仅仅是开始，产品功能、组织结构的跨界才是本质

企业的跨界由来已久，在互联网下的今天，传统行跨界互联网，已经成为企业发展转型的潮流，可以说全行业互联网化是未来的发展趋势。对部分企业而言，通过跨界融合逐步实现升级或是转型的同时，也让跨界成为企业营销的主要阵地。2015 年 1 月，格力电器董事长董明珠放出豪言："我要做手机，分分钟，太容易了。"几个月后，董明珠便在召开的格力电器股东大会上正式宣布格力手机开卖。格力跨界做手机并非它的目的，而是为了布局智能家居，挖掘"物联网"的市场，用手机控制家具电器，调控生活。其实这更是一次成功的借势营销，借助互联网对传统企业进行技术改造，提升企

业的竞争力。跨界营销远远不能满足于企业的发展要求。利用信息技术手段提升内部的管理水平，加强产业链上下游的协同作用，开发出更多功能的产品，为消费者带来更好的客户体验；利用互联网的技术和发展平台，使企业与行业的发展进行深度融合，提高资源的利用率，整合更多有效的富裕资源，加快跨界合作、结盟和并购等，通过不断优化企业内部的组织经营结构，从而提升企业自身的运行效率，打造持久而又稳定的企业生态系统。

2. 促进政、商跨界对话，实现企业产业链条打通

近年来，各地政府纷纷出台支持创新创业的政策措施，得到社会各界积极响应。越来越多的公共信息资源不断得到开放共享，更多的社会创变人员不断参与到创新创业浪潮中，此时参与者间对话沟通平台的构建显得愈发重要。通过充分的沟通交流、思想理念的碰撞，让社会各界更加深入的了解政府的帮扶政策，让创业创新人才与企业、社会间能够充分沟通交流，让更多切实可行的想法能够落地实施，才有可能实现跨界合作创新。通过生产协作、开放平台、共享资源、开放标准、建立公共专利池等带动上下游小微企业和创业者的发展，推动企业、产业间的链条打通，不断汇聚更多的创变力量，增添经济发展新引擎。

政府和公共机构是公共信息资源的掌握者，急企业之所急，帮企业之困，解企业之所难，而企业是社会服务政策的执行者，二者间需要进行沟通对话，将政策落到实处。政府要不断开放政府间资源，搭建线上线下对接平台，为创新创业企业提供优质便利服务。当下，跨界转型升级在我们身边随处可见、随处可闻，但如何能够成功地进行创新跨界，其难度不亚于从头开始，毕竟是从一个行业跨领域到另一个行业。对于传统行业，成功进行跨界转型升级不仅需要自身的产品间的互补、组织职能结构的转变升级，更需要来自外界的助推力量。跨界经营已成为传统行业面对产业升级、消费升级行之有效的转型途径,随着"互联网+"时代的到来,当原先的模式未能满足现今市场与消费需求时,需要借助互联网的力量,将跨界转型进行到底,为传统企业的转型升级将得到助力和发展。众扶平台的不断发展,来自政府、产业、公众等层面的众扶活动不断涌现,氛围浓厚,深入人心的众扶文化正在形成。

云珠沙龙作为国内首个跨界创新众扶平台,经过三年的发展,通过媒体、活动、社群等形式帮助企业从全球范围获得灵感、思想、人才、资本,并成为政、商界提供一个跨界对话和企业异业交流的平台。在未来,云珠沙龙将联动各方力量,促进创新企业高速发展,帮助传统企业实现转型,以推动中国产业结构的调整。

引言

众包模式如今已渗透到各个领域。众包最早出现在开放源代码软件时期。从我们熟悉的Linux操作系统到Apache服务器软件再到Firefox浏览器，这些开发人员常用的软件都由互联网上自发组织起来的志愿者共同合作创造出来。由此开始，众包逐渐崛起。

下面将分为四个部分来讲述，第一部分讲述众包发展的前世今生，第二部分讲述众包商业模式的发展，第三部分讲述众包的实际运营案例，最后一部分讲述庖丁技术众包平台未来的发展。

第四章 众　　包

一、"众包"的前世今生

(一) 国内外研究综述

随着互联网技术的迅猛发展，Web2.0时代的网络技术赋予了互联网用户更多参与创造的权力，使他们由最初的被动接受者转变为创造者。互联网用户的身份也逐渐从"数字移民"转变为"数字原生代"，成长在信息时代的"数字原生代"在掌握前沿工具和技术方面具有惊人的天赋。同时，互联网解放了地理因素形成了形形色色的虚拟社区，人们可以依照共同的爱好和目标选择想要互动的人群。许多人以"志趣相投"为原则形成某种团体，而地理位置、社会阶层、文化程度等元素都显得不再重要了。在虚拟世界中，网络用户在感兴趣的领域参与创造，毫无保留的贡献自己的智慧、能力以及其他资源的热情空前高涨。这也恰好迎合了众多企业整合外部资源和能力的迫切需求，众包以及利用该理念构建的众包商业模式应运而生。

西方关于众包（crowdsourcing）概念的形成是在2006年，由美国 *Wired*

杂志记者豪·杰夫（Jeff Howe）首次提出。他将众包定义为：一个公司或机构把过去由员工执行的工作任务以自由自愿的形式外包给非特定的（而且通常是大型的）大众网络的做法。Howe 提出众包概念以后，学术界纷纷参与到众包的讨论之中。目前对众包的研究主要集中在管理学领域。由于众包是一个新概念，大部分学者只给出了描述性的概念，而没有明确的定义。

相较于国外众包的发展，我国国内出现的时间稍晚，这与国内互联网兴起时间晚于国外有关。我国国内众包模式首先以威客的概念出现的。威客英文为 Witkey，是 the key of wisdom 的缩写。2005 年 7 月，刘锋在《搜索引擎的困境与对策》一文中，首次提出了"威客"和"Witkey"两个概念。经过学者和实践者的不断碰撞和交流，威客的概念有了广义和狭义之分。从广义上来说，威客是指以网络为平台，以悬赏为纽带的、扁平化的、非稳定性社会组织形式。从狭义上来说，威客是指在互联网上通过交易自己的智慧、知识、能力、经验来解决科学、技术、工作、生活、学习中的问题，并且获取赏金报酬的个人和组织。

（二）"众包"的特征

众包模式是 Web2.0 环境下的产物，这也注定其自身具有一些独有的特征。

（1）众包颠覆了传统的商业模式

随着全球化时代到来，每个人都能以个体为单位参与全球化的合作与竞争，把外包发挥到极致就成了"众包"。"众包"这种自由与平等、创新与创造、生活与生存的全新社会文化，正在深刻地影响着全球各类公司的商业模式。这些公司将原有封闭的设计模块开源给用户，让用户真正参与到产品的设计中来，充分发挥自己的才智。

(2) 众包协同用户共同创新

众包意味着产品设计由原来的以生产商为主导逐渐转向以消费者为主导。维基百科更是树立了一个群体创作的典范。iStockphoto、eBay 等盈利模式，如果脱离用户的参与是不可想象的。

(3) 众包模糊了员工和消费者之间的界线，延伸了创新边界

以往，企业的研发和创新模式基本上都是各自为政。如今，越来越多的企业采用了"内外结合"的方式，借助社会资源来提升自身的创新与研发实力。宝洁、波音和杜邦等众多跨国公司组成联盟，他们把最头疼的研发难题抛到"创新中心"上，等待隐藏在网络背后的自由科研人才进行解决，一旦成功解决这些问题，这些人才将会获得一定的酬劳。

(4) 民间创新愈发成为主流

互联网的结构让权力变得分散，从而为用户创造了消费媒体内容、参与媒体制作的天然平台。从 Linux 操作系统到 Apache 服务器软件再到火狐浏览器，信息经济的大部分基础建设都是由自发组织起来的志愿者队伍建立的。软件开源运动充分证明，由网民协作网络写出的程序，质量并不低于微软、Sun 等大公司的程序员开发的产品。

二、"众包"商业模式的发展

（一）众包商业模式介绍

与众包概念相似，目前学术界大多从商业实践的角度来研究众包的商业模式。众包的商业模式分类是在众包实践的基础上，对众包基本模型、众包方式、商业模式结果等方面（例如众包基本模型中发包方、中介、接包方的

第四章 众包

参与目的、参与方式；商业模式结果中利益分配等）进行详细的阐释作为众包模式划分的依据。

Howe 在提出众包的概念之后，也总结了众包的四种主要类型：1）群体智慧，即利用群体智能去预测未来并解决棘手的问题；2）大众创造，即利用大众的创造性能量生产内容（即用户生产内容。其内容包括新闻、翻译品、娱乐等创意制品；3）大众筛选，即利用群体过滤和整理网上海量的信息；4）众筹，即利用群众的钱包来筹措资金。

Saxton 在 Howe 研究的基础上，通过对 103 个众包网站的调研，归纳出 9 类众包模式，包括：1）中介模式（intermediary model），即参与者在线寻找任务—完成任务—获得报酬的模式（find – finish – earn through the web）；2）公众媒体模式（the citizen mediaproduction crowdsourcing model），公民通过原创新闻、电视节目、商业广告等，然后在媒体平台上发布，最后与媒体平台共享利润；3）软件合作开发模式（collaborative software development），社区成员将产品创意（包括设计、开发、销售等）上传，其它成员投票选择最佳创意参加产品竞赛，竞赛胜出者获得奖励；4）数字产品销售模式（digital goods sales model），全世界的用户可以在社区内参与上传和出售数字产品；5）产品设计模式（product design model），生产商筛选社区内成员的产品设计并实现批量化生产；6）在线社会筹资模式（peer – to – peer social financing model），通过众包界面，借方和贷方共同讨论利率，借方决定个人是否借款或使用该基金进行借贷；7）用户报告模式（consumer report model），用户将产品体验进行分享或者推荐使用过的产品；8）知识基础构建模式（knowledge base building model），社区内集中了某一领域的相关知识；9）科研合作模式（collaborative science project model），当计算机无法自动实现数据匹配，就要求有人工的输入和互动合作来完成科学项目。Saxton

的 9 类众包模式是在 Howe 等学者对众包模式研究的基础上，结合众包商业实践，对众包模式分类的继续研究。

Saxton 的 9 类众包模式是从实际的众包平台市场中总结归纳来的，每一类都有自己运营的商业模式。

1. **中介模式**

众包平台作为一个第三方起到桥梁的作用，连接了需求方和技术方。需求方在平台上发布需求，技术方在自己擅长的领域进行搜索，选择任务完成后，需求方在后台通过筛选最后选定一个技术方，并支付报酬。现在国内最大的众包平台猪八戒就是这一类众包平台的典型代表。

2. **公众媒体模式**

这类模式在国内已经比较普遍，国内的优酷等媒体平台。许多个人或者团体在优酷上开辟自己的专属频道成为原创用户，并且定期在频道内更新并发布节目。普通用户点击或者订阅节目帮助原创用户增加人气，当原创用户的点击量或者订阅量增加并且成为了现象级大 V 后，有广告需求的赞助方会找到这些原创用户寻求合作。而原创作者也会将一部分收益与媒体平台进行共享达到双赢。

3. **软件合作开发模式**

这类模式在一些 IT 公司内部应用较多，如 IBM、Google 等。这些公司本身在全球都设立了分公司，并且凭借其品牌的强大号召力网罗了全球各地的技术人才、技术专家。当公司内部的技术上遇到难题时，公司将问题发布到社区平台上，全球的技术工程师都会看到。技术工程师将自己制作的方案发布到平台上，通过投票选出最出色的方案，并给予工程师一定的奖励。这类模式能够最大限度发挥全球人才资源的优势，帮助企业以最低廉的成本解决问题。

4. 数字产品销售模式

顾名思义，这类平台主要就是销售数字产品的。最典型的代表就是微图交易网站 iStockPhoto 了。iStockPhoto 可销售购买虚拟商品，包括 Photos（照片）、Illustrations（插图）、Video（视频）、Audio（音频）、Flash（动画）五类，其中 Photos（照片）、Illustrations（插图）两类业务最火爆。

5. 产品设计模式

参与者将产品创意提交至平台，平台根据机制进行筛选并将通过的方案产品化的模式。参与者可以获得一定的奖励。

6. 在线社会筹资模式

这个模式就是如今大众熟知的众筹模式了，这一部分将由"海鳖众筹"来详细叙述，本部分就不进行赘述了。

7. 用户报告模式

这类模式在国内也是比较常见的。国内最早的典型如电商平台淘宝、京东等，这些平台上的商品在都会设置用户评价模块，已经购买的用户会将购物感受与其他用户分享，有购买需求的用户根据用户评价的高低来选择商品进行消费。

8. 知识基础构建模式

这类模式最典型的就是专业领域的论坛了，国内比较知名的例如原人大经济论坛，现如今已经改名为经管之家。该论坛原本由人大经济学院创办，最开始通过搭建社区，让经管金融相关人士进行交流，有疑问的用户发帖提问，知道答案的用户进行回复的互动问答方式。现在已经增加了培训、知识需求竞价、广告服务等盈利方式。经管之家的布局也能看出其发展的野心，该平台是想打造成为经管垂直领域的众包平台龙头。

9. 科研合作模式

科研合作模式实际上是聚集着来自全球的科研人员的智慧,进行学术成果交流、协作科学研究,并共同与市场建立起更紧密的联系的方式。

(二) 众包商业模式对比

9类众包模式有异有同,互相交叉渗透发展,体现了众包模式多元化发展的趋势。表4-1将8类众包的商业模式进行简要的对比(除去众筹模式)。

表4-1 9类众包模式对比

	定位	业务系统	关键资源能力	盈利模式	现金流结构	企业价值
中介模式	有需求的个人、企业等	搭建平台连接需求方和技术方	持续稳定的技术方和需求方资源	中介服务费等	低初始投入,低固定成本	中
公众媒体模式		制作原创内容产品在公众媒体上发布	大量有原创能力的作者,平台媒体自身具有高知名度	广告费等	低初始投入、低固定成本	高
软件合作开发模式		发布软件等IT产品关键部分的设计问题寻求解决方案	沉淀大量具有软件开发技术能力的人才	软件开发成功后的收益	低初始投入、低固定成本	高
数字产品销售模式		上传出售数字产品	吸引大量具有审美能力、设计能力的人才	服务费等	低初始投入、低固定成本	中

(续表4-1)

	定位	业务系统	关键资源能力	盈利模式	现金流结构	企业价值
产品设计模式	有需求的个人、企业等	开源筛选优质设计方案，通过外包等方式完成线下供应链的运作	吸引大量具有审美能力、设计能力的人才	产品销售的利润	低初始投入、低固定成本	中
用户报告模式		搭建平台吸引用户进行评论	持续稳定的需求方资源，大量优质用户的积累	广告费、销售抽成等	低初始投入、低固定成本	高
知识基础构建模式		搭建某一专业领域社区，提供交流平台	大量专业领域专家人才资源	专业领域产品销售利润、衍生服务费等	低初始投入、低固定成本	高
科研合作模式		与科研机构进行合作，为其提供数据分析类服务	大量数据分析类人才	服务费等	高初始投入、适中固定成本	高

三、众包平台运营实例

自21世纪初众包模式诞生至今，国内外已经诞生了数以千计的各色众包网站，但是真正能够存活下来并在某一垂直领域获得成功的却屈指可数。由于运营乏力、资金链断裂，一批又一批曾经有机会成为垂直领域独角兽的众包平台消失了。因此，想要成功的运营众包平台，必须要把控好众包的几个关键环节。

（一）需求发布

需求的发布是一个完整的众包项目的起点，但是"万事开头难"，平台每天都会获取用户提交的大量需求，但是这些需求描述经常呈现出两类问题。

第一，用户根据个人习惯提交需求描述，需求表述千差万别，缺乏统一性和规范性；第二，用户并非是行业内专家，无法按照行业内的标准去准确表达，初次提交的需求描述往往和自己的实际需求有所偏差，以致项目结果往往会偏离用户预期，最终导致一系列的纠纷。

对于众包平台来说，面对纷繁复杂的用户需求，要遵循"宽进严出"的规则，通过平台进行筛选、分类和细化后，以统一、规范且符合用户需求的方式进行输出，才能保证项目后期能够平稳而顺利的实施。

1. 猪八戒网

2006年猪八戒网众包平台上线，服务范围涵盖创意设计、网站建设、网络营销、文案策划、生活服务等多种行业。目前，在猪八戒官网首页上用户提交的需求始终在滚动发布。但是，我们可以发现猪八戒网未进行筛选优化就直接发布，因此用户的需求表述就呈现了上面提过的问题，表述不规范，缺乏统一标准，而且表述不明确，用户往往需要再次甚至多次追加需求表述。这使得需求方用户和技术提供者之间前期的沟通成本、时间成本大大增加，直接影响双方的信任机制。随着前期沟通时间的增加，双方的信任度会直线下降。因此，帮助用户梳理好前期需求是提高项目成功的基本保证（如图4-1）。

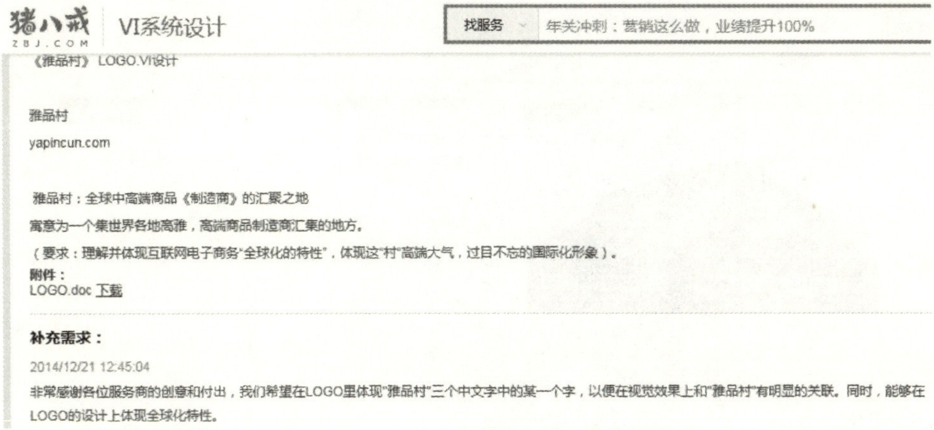

图 4-1　猪八戒网需求发布

2．庖丁技术

庖丁技术作为科技众包平台，针对本身所服务的众包项目的高技术含量以及非标准化需求的特点，在需求发布的方式上做了与猪八戒平台不同途径的探索。公司本身拥有一批专业的项目经理人，项目经理会对需求进行严格的筛选和分类。通常用户通过线上线下等渠道提交项目需求梗概，庖丁技术将安排专人回访，详细了解项目（如图 4-2）。

通常需求用户可分两种类型（此处以互联网项目开发为例）。

（1）项目只有初步概念

这类客户一般是传统行业，需要结合"互联网+"的概念，参考同行先行转型的例子或类似业务结构互联网形式，将部分业务乃至全线业务增加线上渠道进行运作。对于这类业务，庖丁技术通过与客户线下沟通，引导客户尽可能完整地描述其对产品的构思，并初步对项目进行分析及技术方面的解答。分析需求后，将会落实客户对项目投入的预算及项目的执行时间。根据客户描述的信息，结合互联网项目的经验，协助客户梳理需求整理初步项目

图 4-2 庖丁技术需求发布

评估方案，反馈给客户确认。根据客户反馈，进行评估和调整。最后根据确认好的项目评估方案，落实具体实现方案，此环节将会有多轮讨论。

（2）项目具备完善的需求文档

只有产品团队，技术团队组成不完整，或技术团队能力不足以满足当前开发任务，能够完整表达项目的产品逻辑，有些已有完善的原型、UI 等文档，需要将部分或全部内容开发进行外包。对于此类业务，庖丁技术会与对方项目负责人沟通开发需求，了解项目实施进度，项目上线时间节点。然后评估项目工作量及人员配置，获取项目开发说明文档。最后制定初步工作计划及相关费用。

在项目执行前期，所有提交至庖丁技术的需求将经过筛选和优化后，以标注规范的形式输出,减少技术团队前期的沟通成本和时间成本,大大提高了项目对接成功的几率。

(二) 服务人员分级

众包任务中提供服务的人员就是数目庞大的互联网用户,他们可能是某领域的专业人士,也可能是兴趣爱好者。平台内如果想要拥有能够长期输出高质量服务的人员,必须满足两个条件,一是参与者能够保证足够的空闲时间,二是平台内要有良好的甄选机制,保证高端参与者的利益,让他们能够始终保持高度的解答兴趣。

2008年3月,译言网利用开源的维基产品搭建了一个自己的协作平台。译言网是一个开放式的翻译平台,主要为有翻译需要的客户提供高质量的翻译书稿。但是,由于译言网的服务人员社区管理缺位,导致平台内的高端用户正在逐渐流失。为了留住平台内的高端用户,译言网推出了一款叫做"古登堡计划"的产品。但是这款产品依然没能解决用户管理问题。选拔机制设计不合理,报名系统中未区分出译者的翻译记录和等级水平。既会打击老用户的积极性,降低协作生产的效率,又会因项目要求变化,而影响项目推进。译言网如果不能解决内部用户社区管理问题,那么更多的高端客户会从平台中流失,导致劣币驱逐良币,平台未来运营将陷入更大的困境。

Kaggle是全球最大的数据科学家社区,同时也是一个数据挖掘与预测模型竞赛平台。服务领域涵盖生命科学,金融服务,能源,IT和零售等行业。为了保证平台内部拥有稳定数量的数据科学家,Kaggle以数据科学竞赛方式,邀请来自世界各地的数据科学家参与竞赛,Kaggle内部建立了统一的测试机制,科学家可以将结果上传测试,根据结果精确度来进行排名。根据在竞赛中的表现,科学家们会被进行等级划分。等级排名越高的科学家,将会获得更多的资源。最近 Kaggle 推出了 Kaggle Connect 咨询平台，它可以帮助有难题的客户找到最适合的数据科学家。而这些候选人来自 Kaggle 社区中排名前千分之五的数据科学家（约500）（如图4-3）。

图4-3 数据众包平台 Kaggle

通过译言网和 Kaggle 的案例充分说明了一点：为了能够保证平台内始终保有优质的高端服务人员，必须要保证两个方面，一是平台内要设计统一公平的选拔机制，通过选拔机制能够将高端客户筛选出来，二是保证能够持续推出高质量的众包项目，让高端用户始终对平台保持源源不断的热情。

（三）项目监管

制约众包平台发展最重要的问题就是项目需求方和服务提供方的信任问题。众包的项目需要在规定时间内高质高效地完成，但众包项目的双方基本上都是首次接触缺少基本的互信，再加上国内的征信制度发展不完全，使得众包这种运作模式在很大程度上存在项目失败的风险。因此，众包平台需要适当介入项目中，参与项目的监督和管理，既保证需求方的利益不遭受损失，也要保证服务提供方能够在付出劳动后及时得到相应的酬劳。

再次以猪八戒网为例。虽然猪八戒网在国内影响力日渐扩大，但是很遗憾至今仍然存在监管问题。私下成交并让技术方返还定金，假装客服人员骗取账号密码等欺诈行为屡见不鲜。为此，猪八戒网也曾仿效淘宝推出信用评级体系。但还有些买家会以"套稿"的方式来自行刷高信用级别，即发布一个需求，收集技术方提交的作品，再用自己的 ID 来自导自演交易过程。为了杜绝这一现象，猪八戒网推出实名认证、买家限制，并要求提供部分赏金做担保等。但"套稿"的问题至今仍然无法解决。

与此同时，借助猪八戒这类众包平台网站，网络水军、机器人刷帖等地下灰色产业链也顺势崛起。猪八戒网的运营面临的这些问题如果找不到更好的解决方式，未来将会对平台的运营造成更大的挑战。

庖丁技术针对众包平台监管乏力的问题，通过大量的项目实践总结了一套监管方案，能够最大程度的保证需求方和技术方的两方利益，推进项目的顺利进展。

由庖丁技术的项目经理调配产品经理根据双方确认好的项目方案，搭建基础体系。确认收费后，开始进入开发前产品设计工作，完成后交予客户验收，确认通过后进行原型设计，原型设计结束交给技术团队进行后端架构和后台功能开发。最后进行功能测试，修复 bug 及优化选项。准备项目上线。

在项目进展过程中，需求方可以选择由庖丁技术介入进行资金管控。根据合同内容分期收费，保证客户产品按时按质上线，不烂尾；也保障技术提供商能够收到全额的开发费用，降低追收尾款的风险。

(四) 运营管理与盈利模式

针对大部分的众包平台来说，虽然都是走轻资产路线，不像传统企业拥有过多的重资产，但是平台的运营维护、项目的实施监管都需要投入大量的人力、物力和精力，高昂的运营成本是众包平台绕不过的一道坎。为了保证平台的正常运营，大部分的平台都选择以收取一方或双方的佣金模式作为自己的主要营收方式。

Quirky 是一个思想众包平台，平台将出色的创意变成现实。优秀的创意一旦被投票选中后，就可以投产生产，而创意的原创用户、对方案有贡献的用户都可以在未来享受利益分成。Quirky 原来自建生产线进行生产和销售。但随着时间的推移，这种模式显露了极大的缺陷。对于一家初创型公司，独立完成设计、渠道、销售一整条供应链显然力不从心。而且，Quirky 推出的产品种类繁多，产品系列之间毫无逻辑，无法以统一品牌进行营销，而有限的资源根本无法保证供应链的顺畅和产品质量的稳定。尽管后期 Quirky 调整了经营策略，但是已经无法阻止 Quirky 破产的步伐了。

与其形成对比的 T 恤众包平台 Threadless，平台每星期都会收到上百件来自业余或专业艺术家的设计，这些设计被放在网站上让用户打分。每星期有 4~6 件得分最高的 T 恤设计会进入生产备选名单。这些设计最后是否能生产取决于预订单量，达到一定数量才会被正式安排生产。得分最高的设计者会得到一定的物质奖励，而且设计者的名字会印在每件 T 恤的商标上。这无疑形成了三赢的局面：设计者发挥了自己的创意，消费者有了更多的选择，公司则节省大量雇用的人员成本。Threadless 网站让用户进行设计，将生产外包出去。公司只需要选择合适的供应商，确定产量，并负责市场推广与销售，以及网站的日常维护。

第四章 众包

Threadless 能够成功，而 Quirky 却破产，最主要的原因就是其运营管理和盈利模式成功。Threadless 运营成本低廉，公司始终保持有充分的现金流。熟悉企业管理的人都清楚"现金为王"的道理。而 Quirky 却走了完全相反的路，过高的运营成本终于压垮了这家公司。

与以上两家公司不同，庖丁技术在运营管理和盈利模式上进行了新的尝试。庖丁技术拥有足够数量的专业的项目管理和产品设计开发人员，保证项目能够顺利实施，减少不必要的成本投入。

另外，庖丁技术还探索出一条业务发展的新道路。除了帮助科研院所完成科技成果转化、技术转移，帮助企业量身打造产业升级方案，帮助初创团队和企业进行资源对接外，还将业务向上下游双向进行延伸（如图4-4）。

| 科技成果转化 | + | 产业技术升级 | | 资源对接 |
将前沿科技成果以多种形式合作，快速产业化　　结合企业所在行业制定产业升级方案，引入高新技术，快速构建企业竞争堡垒　　对接科技业态、科技服务与科技金融资源

图4-4　庖丁技术业务体系

庖丁技术通过打造精品活动——技术直通车，进一步实现聚集中外前沿技术，汇聚更多一线投资大咖与技术专家，打破技术与市场间的藩篱，完成科研成果转化与资源对接，进而激活中外技术与投资资源池，实现打通整个技术、资本、产业链条的目标。

在技术直通车活动中发现的好项目，庖丁技术会对优质技术进行投资孵

105

化。通过与 SME-Lab 开放创新中心、广东医谷、中大创新谷等合作创业孵化空间为优质的技术项目提供技术研发场地和研发设备等硬件孵化条件。庖丁技术同时也通过与投资机构合作发起风险投资基金以及引入互联网金融等多种融资渠道，对优质的技术或项目进行投资，进行资金支持，让技术人员、创客可以更专注地进行技术研发，更快地将技术投入使用。

目前，技术直通车已经陆续举办了近百场，均收到了热烈反响，技术直通车中的项目也陆续以各种方式对接、落地。

（五）庖丁技术成功扶持的企业案例

从 2013 年开始筹备，2014 年初正式运作，现已累计超过 1000 个科技成果转化、科技成果对接的项目经验，平台聚集了国内外顶尖的科技研发资源，并在不断增加。

其中一个平台服务的 O2O 电商项目，早期的 APP 是外包服务商进行开发，随着业务的扩张，其电商平台的用户量极速上升，此时 APP 后台架构无法承担过大的流量而导致系统频繁崩溃，用户体验差而导致用户流失。庖丁技术众包平台，通过众包的方式，为该项目征集了一批资深技术人员，重新搭建系统架构，快速开发系统，帮助该项目顺利度过难关，用户量也在不断上升发展。

在另一个医疗器械项目上，该项目核心科研团队在虚拟医学的研究与临床运用上有着 15 年的历史，对核心算法的实现有极强的行业竞争优势，在此基础上如何让该企业快速构建行业竞争壁垒成为一个重要命题，在此基础上我们利用平台背后的强大技术资源库，主动挑选，将最新的移动互联网技术、机器人模块化技术、人工智能通过技术转移，并以庖丁技术为主导投资入股让该项目在中大创新谷落地。该项目成功地通过技术众包平台落地后，将单一行业的技术门槛通过技术的跨界整合，使其在行业内短时间构筑起极高的技术门槛，迅速在业内引爆。产品迅速推向市场，并进入全国多家三甲医院。各创业项目或需要技术升级的企业在通过庖丁技术的咨询服务或技术支撑服务后，公司、企业对技术升级迭代、技术发展方向、技术壁垒布局等方面都有了很大提升，同时提高了市场竞争力。

四、未来展望

从全球众包市场的发展来看，欧美国家的众包模式已非常普遍，企业至少有90%的问题都交给众包服务商，但中国市场才刚刚起步至多有15%。目前国内大部分众包平台规模都很小，层次还很低，但未来5~10年，国内企业采用模式的业务量将达到50%以上。这说明众包模式未来的市场潜力巨大，为更多的企业提供了发展机会。

另外从国内经济形势来看，经济下行压力仍在加大，国内市场需求有待进一步开发，经济发展环境"硬约束"进一步加强，那么，只有走集约发展、高科技含量发展、高附加值发展的道路才是最好的出路。众包是新经济发展模式的代表，采用众包模式无疑能够为企业节省成本，刺激科技进步，促进国内经济发展创造更大价值。

庖丁技术作为华南首家科技众包平台，未来仍将深入挖掘科研机构资源，利用涵盖生物、医药、新能源、新材料等丰富的专家资源，以及具有先进研发能力的高新技术企业，满足需求方科技成果转化、技术研发和技术咨询的需求。并且与华南地区的专业媒体合作，打造前沿趋势活动促进技术专家、创业者、企业家之间的交流和碰撞，以驱动企业的升级和前沿产业发展。与更多的创业投资、孵化等机构合作对有潜力的团队进行投资孵化。通过线上线下的推广运营，集合众包生态体系，聚合科技创新，为科技创新创业提供全方位、一体化的生态众包服务，助力科技创新创业，将庖丁技术打造成为一个集高端技术资源、人才、媒体和资本为一体的综合平台（图4-5）。

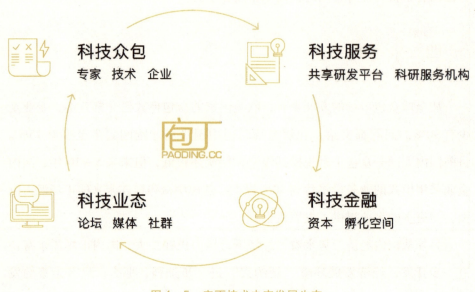

图4-5 庖丁技术未来发展生态

引言

　　企业从诞生之初直到走向产业化,资金一直是其扩大规模、逐渐壮大的硬性需求。但传统融资渠道对中小微企业而言要求多、门槛高,很难满足其自身发展需求。

　　众筹,即汇众资促发展,通过互联网平台向社会募集资金,更灵活高效地满足产品开发、企业成长和个人创业的融资需求。能够有效增加传统金融体系服务小微企业和创业者的新功能,拓展了创业创新投融资新渠道。

第五章 众　　筹

题记：

2013 年，海鳘众筹开始众筹行业的探索；2014 年，海鳘众筹与中创产业研究院共同对众筹行业的探索进行梳理，并于 2015 年 8 月出版《众筹之路》一书，该书被誉为"项目方、投资人及众筹平台运营者的必读手册"，从实践角度对中国众筹行业进行解读；2016 年 9 月，《众筹之路》再版。如今，离《众筹之路》的出版已过去了一年多时间，中国众筹行业发展也有了新动向，我们将继续踏着《众筹之路》，对国内外众筹行业的发展现状及未来趋势进行梳理，以期为众筹行业的参与者、行业政策的制定者以及其他关心众筹行业发展的各界同仁提供参考。

一、众筹——"双创"时代的奋勇前行者

（一）"双创"时代背景下的众筹

自国内首个众筹平台点名时间 2011 年成立至今，众筹在国内已发展了 5 个年头。5 年，让"众筹"二字逐步为国内大众所熟知，但 5 年对于一个新

兴的行业来说，还不足以成长得足够强壮。众筹行业发展过程中的酸甜苦辣，这个行业的从业者体会最深！

2011年到2013年，众筹行业作为一个新兴事物，在国内发展得不愠不火；2014年到2015年，众筹行业随着小微企业对金融服务的倒闭、社会整体经济下滑、传统企业转型升级及"大众创业、万众创业"的社会大背景影响，迎来一波爆发式的增长；而随着风险投资泡沫的逐步破裂、受国家一系列政策措施等因素影响，2016年，众筹行业又进入新的调整期，发展放缓。正如所有的新兴行业都会经历的成长波动周期一样，众筹行业目前也正在经历着这一切。

然而，众筹作为聚合社会资源最强有力的武器，对于社会发展的贡献和意义，从未被行业发展的低谷掩饰住其熠熠生辉的"光环"。全球范围内的众筹行业如今正蓬勃发展。

（二）国外众筹发展概况

1. 全球众筹立法概况

随着众筹在全球的兴起及快速发展，各国为鼓励并规范其国内众筹行业的发展，纷纷探索适合自身国情的众筹行业规范。不仅在众筹行业发展火爆的美国、英国、德国及日本等发达国家，众筹行业蔓延的其他国家，如意大利、加拿大、韩国等，也纷纷在立法领域进行新尝试。在此，我们选取一些有代表性的国家立法探索实践进行分享，以期对国内众筹立法起到积极的借鉴意义。

（1）美国《众筹条例》

美国，作为全球众筹行业最发达的国家，也是最早开始众筹立法探索的。美国早在2012年通过的《工商初创企业促进法案》（Jumpstart Our Business Startups Act，以下简称 JOBS 法案）中，就对证券型众筹作出了立法豁免，授权证券交易委员会（Securities and Exchange Commission，SEC）制定监管细则。2015 年 10 月 30 日，SEC 通过了《众筹条例》，进行众筹豁免的具体实施。

2016 年 5 月 16 日，JOBS 法案第三部分《众筹条例》正式生效，法案从多个角度、多项指标对企业通过互联网进行股权众筹的活动进行了规范，包括筹资公司一定期限内的筹资金额上限、筹资次数，众筹平台的信息披露规则，投资者的资产状况限制等多项内容；并规定，众筹平台需通过 SEC 注册并加入国家证券协会……

（2）德国《小投资者保护法案》

德国的股权众筹从 2011 年开始发展，到现在已有 5 年的时间。通过众筹平台，创业企业、中小企业、电影行业和房地产行业从其它商业和消费者领域获得了融资，这让德国成为欧洲最大也是最具创新力的市场之一。

伴随着国内众筹行业的快速发展，德国在欧盟持续鼓励众筹发展并于 2015 年 2 月发布了创立"资本市场联盟"（Capital Markets Union）的绿皮书（根据绿皮书，欧委会鼓励实施私募发行制度，以促进中小企业直接融资）的大背景下不断探索众筹立法，并于 2014 年 11 月颁布《小投资者保护法案（草案）》。经多方征求意见，2015 年 7 月 10 日，该法案正式获得联邦参议院表决通过。

《小投资者保护法案》根据投融资双方的不同需求，德国众筹平台发放了三种不同的间接融资工具，分别是"隐名参与"（Stille Beteiligung）、"分红权"（Genussrecht）和"分红贷款/次贷"［Partiarische（Nachrangige）Darlehen］；同时，该法案还对众筹平台的资质、筹资人的信息披露义务、投资者投资限制等方面进行了规定。

(3) 其他国家众筹立法

除美国、德国之外,全球众多国家也在进行众筹立法的尝试。例如,法国从 2013 年即开始对包括众筹在内的互联网金融制定相关规则实施监管;新加坡金融管理局(Monetary Authority of Singapore,MAS)就从 2016 年 7 月开始,颁布众筹相关监管规则;韩国也于 2015 年 7 月通过《金融投资服务与资本市场法案》,对众筹行业进行监管。

从全球范围来看,众筹行业上升到国家立法层面进行监管的各国,众筹的发展程度都较高,这和市场与政府双向推动、相互磨合并形成相应监管及发展模式密切相关。

2. 全球众筹行业发展概况

从全球众筹行业的发展来看,美国、英国及欧盟国家、日本等国的众筹行业发展较快。随着众筹在全球的影响力不断扩大,印度、新加坡及南美不少国家的众筹也逐步兴起。全球众筹平台数量,2010 年至 2015 年增长了 5 倍,从 2010 年的不到 300 家,增加到 2015 年底的 1500 多家。其中,2014 年比 2013 年的众筹平台数量,同比增长 34.53%;而 2015 年与 2014 年相比,众筹平台数量同比增长 29.10%(如图 5-1)。

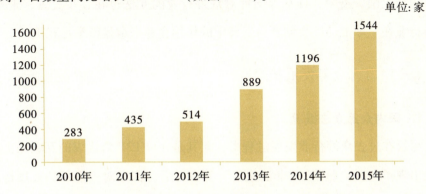

图 5-1　2010—2015 年全球众筹平台数量增长情况表

随着众筹平台数量的增长,全球众筹行业融资规模也呈现出指数性增长趋势。据 Massolution 发布的 2015CF 众筹行业报告显示:2014 年与 2013 年相比,全球众筹融资规模同比增长 165.57%,达到 162 亿美元;而 2015 年与 2014 年相比,同比增长则为 112.35%,达到 344 亿美元(如图 5-2)。

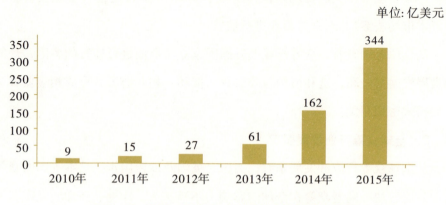

图 5-2　2010—2015 年全球众筹融资规模趋势图

从图 5-2 数据来看,全球众筹行业无论是众筹平台的数量还是融资规模,增长的速度都有所放缓,但随着全球各国民众对众筹的接受度越来越高,包括美国、英国、日本等国针对众筹行业的立法也在逐步完善,未来,众筹行业在全球推动社会创新与发展中的作用会愈来愈显得举足轻重。

(三)国内众筹发展概况

1. 国内众筹立法概况

尽管在过去众筹行业发展过程中,尤其是在以 P2P 为代表的互联网金融领域出现了多次"跑路""非法集资"等事件后,国家对于众筹的发展持谨慎态度,2016 年 4 月,央行出台《互联网金融风险专项整治工作实施方案》，对 P2P 及股权众筹行业进行为期一年的专项整治；2016 年 8 月，成立两年多时间、主管股权众筹业务的证监会创新部正式宣告解散，引发了行业无数猜想；2016 年 10 月 13 日，即国家"双创周"第二天，国务院发布《互联网金融风险专项整治工作实施方案》，同时中国证券监督管理委员会（简称证监会）等十五个部委发布《股权众筹风险专项整治工作实施方案》等一系列互联网金融专项整治方案，在肯定互联网金融对社会创新创业的重要促进作用前提下，提出了对行业进行整治并逐步规范……整体上，国家对众筹行业的发展一直持支持鼓励态度。

除此之外，国家层面也在积极探索相关监管规则。自 2014 年以来，中国证监会对众筹行业进行了多轮行业调研，研究制定众筹融资的监管规则，并多次提出要"开展股权众筹融资试点"；中国证券业协会发布《私募股权众筹融资管理办法（试行）（征求意见稿）》；中国人民银行等十部委发布《关于促进互联网金融健康发展的指导意见》等文件；2015 年 4 月，提请全国人民代表大会常务委员会（简称全国人大常委会）第一次审议的《中华人民共和国证券法（修订草案）》也认可了"以互联网等众筹方式公开发行证券"的方式；2016 年 1 月，国务院印发我国首个发展普惠金融的国家级战略计划《推进普惠金融发展规划（2016—2020 年）》，指出要发挥股权众筹对"双创"的支持作用，将修订证券法和夯实股权众筹法律基础……2016 年 8 月，国务院印发了《"十三五"国家科技创新规划》，第十七章"健全支持科技创新创业的金融体系"，明确支持科技项目开展众包众筹，推进知识产权证券化试点和股权众筹融资试点，探索和规范发展服务创新的互联网金融。这意味着股权众筹作为互联网金融的重要组成部分，已被官方明确定义为服务科技创新的金融手段和工具之一；2016 年 9 月，国务院发布《国务院关于促进创业投资持续健康发展的若干意见》（以下简称"创投国十条"），明确指出,由国家发展改革委、科技部、证监会按职责分工负责,规范发展互联网股权融资平台,为个人直接投资创业企业提供信息和技术服务。

从上述国家相关监管机构及政策导向来看,尽管众筹对国家社会经济及创新发展的作用已成共识,但对于众筹应如何界定及如何监管仍然还存在较大分歧。国内众筹监管相关规则的出台也还尚需时日。

地方层面,各地方政府也积极推动当地众筹行业的发展:在广东,2016年1月,全省发布首批互联网非公开股权融资机构首批试点单位,包括海鳌众筹、聚募众筹等在内的11家众筹平台成为试点;2016年9月,广东省"四众"促"双创"会议召开,广东省省长朱小丹明确提出要建立一批典型的众筹、众包平台。在北京,国务院批准并印发《北京加强全国科技创新中心建设总体方案》,明确提出:推动互联网金融创新中心建设,这意味着股权众筹在北京将率先与各类金融工具和手段深度融合,服务科技创新,同时,股权众筹融资试点或很快在北京落地。在山东,2016年9月,山东省金融工作办公室印发《互联网私募股权融资试点意见》,鼓励互联网私募股权融资试点。

尽管中央层面的监管规则尚未正式出台,但各地方对于众筹行业的发展支持态度明显,已出台相关政策的地区,广东、北京及山东的众筹行业发展态势也明显领跑全国。可见,众筹行业的相关政策支持,对行业的发展具有明显的促进作用。

国内众筹行业2016年与2015年相比,尽管增速有所放缓,但从平台数量、分布、融资额及项目数量等指标来看,整体上仍处于调整上升趋势。

受国内经济大环境以及国内政策动向的影响,众筹行业2016年出现较大幅度的波动式发展。截至2016年12月,众筹平台的数量变化如图5-3所示。

第五章 众筹

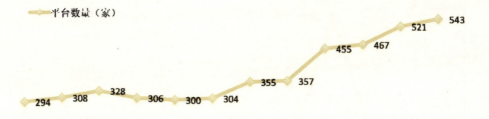

图 5-3 2016 年众筹平台增长趋势图

从图 5-3 可以看出，2016 年 8 月到 12 月，众筹平台一反此前的低迷状态，数量增加了近 200 个，这跟国家、地方宏观鼓励以及整体的经济形势有所好转密切相关。

在 2016 年 12 月统计的众筹平台中，权益型平台达到 154 家，股权型（互联网非公开股权融资）平台达到 134 家，综合型平台 80 家，物权型平台 163 家，公益型平台 12 家。物权型平台首次赶超权益型平台，与权益型、股权型共同成为众筹平台主力。

1. 项目数量增长情况

2016 年，众筹行业的新增项目数量呈波动式增长（如图 5-4）。从整个行业的发展来看，权益型（产品）众筹的增长情况相对稳定，但股权众筹的新增项目数量则波动幅度较大，尤其是近几个月，为避免平台承担系统性风险，众多众筹平台提高了项目上线的标准，很少上线股权众筹项目。

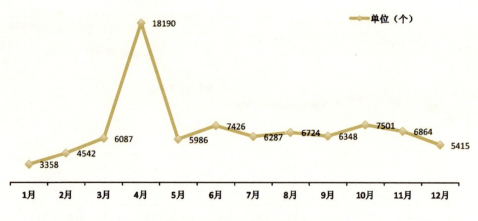

图 5-4　2016 年众筹新增项目数量趋势图

2. 融资额增长情况

2016 年,众筹行业的融资额也呈波动式增长。从整个行业的发展来看,权益型(产品)众筹的增长情况相对稳定,但股权众筹的融资情况则波动幅度较大,这主要是受整个风险投资大环境影响,不少股权众筹平台在经历了快速上项目的疯狂成长期后,变得更为理性,平台项目朝着精品化方向调整,导致项目数量及融资金额都出现较大波动(如图 5-5)。

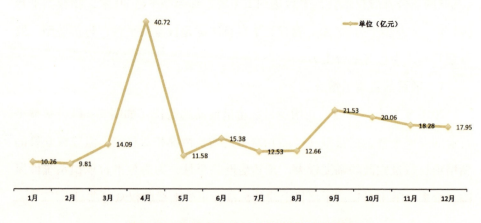

图 5-5　2016 年众筹行业融资额增长趋势图

根据以上几组数据整体来看，2016年全国众筹行业的发展处于一种波动式前进的状态。从融资额角度来看，2016年12月，北京地区位居榜首，已筹资金达到5.12亿元；其次是浙江地区，已筹资额过4.43亿元；山东地区因汽车众筹平台爆发快速崛起，排名至第三位众筹融资额达3.57亿元；广东和江苏分别位列第四和第五，已筹资金额分别达到1.56亿元和1.08亿元。上述5个地区已筹资金额约占全国总筹资金额的88%。

据相关数据显示，2016年全年，众筹行业的总融资规模达到204亿元人民币。尽管众筹行业暂时遭遇低谷，但其发展前景仍然大受瞩目。除阿里巴巴、京东等互联网行业龙头早已在众筹领域完成布局外，2016年，包括奇虎360、苏宁和百度等巨头继续在众筹领域进行深度布局。未来，中国的众筹行业将继续百花齐放，各显身手。

二、众筹行业发展新趋势

众筹行业在中国发展的5年多时间里，像所有的新兴行业一样，尽管一直曲折前行，但从未停止过探索和创新的步伐，包括众筹模式创新、风控方式创新、服务领域及服务方式的创新等等。本部分，我们将对众筹行业的一些新变化、新探索进行介绍，以供对众筹行业感兴趣的朋友学习与借鉴。

（一）众筹服务领域不断扩展

经过几年时间的发展，众筹的服务领域在范围上不断增加，并且在相关领域的服务深度也不断提升。本书主要从科技、文化创意、农业及公益几大领域做相关介绍。

1. 科技众筹

科技一直是众筹服务的核心领域，这种趋势也一直没有改变。无论是实物众筹还是股权众筹，科技类的项目都是最吸引人眼球的。实物众筹领域，包括京东、淘宝、苏宁等巨头以及 2016 年 3 月刚成立的小米旗下的米筹金服等等，都有重度布局，并取得了不俗的成绩。2016 年 10 月 9 日，国内第一个金额破亿的产品众筹项目诞生——臻迪旗下无人机 PowerEgg 京东众筹金额突破 1 个亿（如图 5-6）。

图 5-6　PowerEgg 在京东众筹上的页面截图

从 2016 年上半年情况来看，除了在实物众筹领域，科技类项目在股权众筹领域的融资额也是名列第一。通过来自人创咨询"中国众筹行业发展报告 2016（上）"中关于各类型股权众筹项目所属行业类别的情况统计，可以看出科技类项目最多，在 1274 个股权型众筹项目中，科技类项目有 429 个，占比 33.6%（如图 5-7）。

科技类项目众筹的火爆，一方面是市场自发的对创新的好奇与追求；另一方面，国家在战略层面对于科技创新与互联网金融尤其是众筹领域的结合也做了长远规划与部署：2016 年 8 月 8 日，国务院印发《"十三五"国家科

第五章 众筹

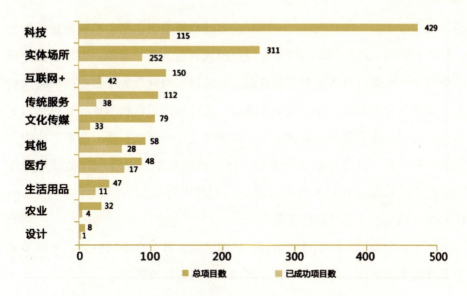

图 5-7 2016年上半年股权众筹项目所属行业类别情况统计图

技创新规划》,第十七章"健全支持科技创新创业的金融体系",明确支持科技项目开展众包众筹,推进知识产权证券化试点和股权众筹融资试点,探索和规范发展服务创新的互联网金融。甚至在国家层面,专门推出"科技金融"——即促进科技开发、成果转化和高新技术产业发展的一系列金融工具、金融制度、金融政策与金融服务的系统性、创新性安排,是由向科学与技术创新活动提供融资资源的政府、企业、市场、社会中介机构等各种主体及其在科技创新融资过程中的行为活动共同组成的一个体系,是国家科技创新体系和金融体系的重要组成部分。有理由相信,在社会自发对创新的渴求以及国家战略层面的推动双重作用下,未来科技项目的众筹会持续成为金融助力科技创新的典范。

随着众筹与科技类项目的不断深入合作,众筹对于科技创新的服务模式及深度都在不断变化与提升。如果说刚开始的科技众筹对科技创新项目主要的帮助在于筹资,那么现在,一些有实力的众筹平台,对于科技创新的服务已经扩展到知识产权的市场转化、商业模式打造、产品营销、客户意见反馈搜集以及销售渠道打造等等各大方面。例如,一项被众筹平台看好的科技创新,从研发阶段开始,即可与众筹结合,通过对知识产权的证券化进行众筹融资、融智及融资源,有望将一项技术快速进行市场化;而一些背景实力较强的众筹平台,其强大的客户流量、既有的电商平台以及综合金融服务体系,能快速帮助项目打开客户渠道,并实现有计划的生产、销售。上面的PowerEgg 就是一个非常好的案例。

未来,众筹与科技项目的结合将更加紧密,甚至在不同科技产业的形成中发挥巨大作用,众筹也将更好地推动社会创新与发展。

2. 文化创意众筹

文化创意类项目,一直是众筹行业关注的重点,包括众筹网、追梦网及开始众筹、多彩投等众多平台都将其作为核心业务,一些众筹平台甚至在这方面专门形成了自己的特殊风格,开始众筹即是一个典型的例子。

开始众筹是一个倾向于实物和体验回报的众筹平台(如图5-8)。在众多众筹平台模式创新和运营效果上,开始众筹可谓是行业内的一颗闪耀的明珠。2015 年 4 月至 2016 年 6 月,短短一年多时间,平台获得了包括盈动资

图 5-8　开始众筹网站截图

第五章 众筹

本、经纬创投等多家机构的从天使轮到 B 轮的投资，最近一次融资金额达 1 亿元人民币。

平台主要的业务方向是一些跟生活、消费相关的创新、创意类项目，包括民宿、商铺及农业三大板块。平台对项目的宣传方式极具创意，从故事、情怀切入，触动现代人内心对健康、美好生活方式的追求。开始众筹的运营模式，抓住了现代人渴望冲破世俗、追求品质和个性的心态，能快速培育起大量平台用户，并在平台形成良好的投融资交流圈。

开始众筹上的项目充满情怀的故事，很容易打动读者，也使其迅速聚合了众多粉丝和投资人群体，起投资金额较低，几元即可参与支持（如图 5-9）。项目的投资回报，也往往是"实物+服务+分红权"，对投资人来说，既可以享受分红权，也可以享受项目提供的服务及产品，投资风险明显降低。

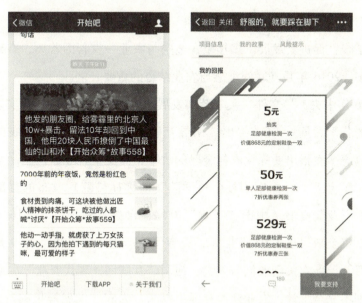

图 5-9 "开始吧"微信公众号

当然，即使是民宿众筹，其最终项目运营还是需要落地，而投资人的回报，无论是实物、服务还是分红，最终的本质都是商业，而远远不止于情怀。由于民宿众筹项目基本也属于重资产运营，项目回报少则一年半载，多则五年十年，且需要专业的管理运营能力才能保证项目进展顺利，这远不是一些建筑师、设计师、艺术家能完成的。

因此，民宿是需要静下心去做的产业，浮夸和烦躁，违背消费者的需求，只讲情怀不讲落地的民宿，永远都只会是空中楼阁，昙花一现。同样，优秀的平台运营模式，最终能让平台长远发展的，仍然是精品项目+持续的筹后服务。

3. 农业众筹

农业，由于其技术相对落后、模式非标准化、受自然因素影响大等因素导致投入大、投资风险高而收益回报低，一直是金融、投资较少触碰的领域。而农业作为国家战略重要部署，一直是国家关注的方向，并努力将金融与农业结合，促进其发展。多年来，金融与农业一直若即若离，直到互联网金融出现。2016年是互联网金融与农业结合的重要开端。

2016年中央1号文件《关于落实发展新理念加快农业现代化实现全面小康目标的若干意见》，正式提出"引导互联网金融、移动金融在农村发展"。随后，政府多次指出要深化农村金融的改革，高度重视互联网金融与农业的结合。2016年8月，由中国社会科学院（简称社科院）发布的首部三农互联网金融行业蓝皮书《中国"三农"互联网金融发展报告（2016）》，指出我国三农资金缺口达3.05万亿元，资金供给严重不足。2016年9月，国家农业部召开了新农民创业创新大会，强调"互联网+现代农业"要赶快行动起来。据不完全统计，农业众筹自诞生以来，为农业发展筹集的资金至少2亿元，对三农产业的发展起到了积极推动作用。

从目前国内专业农业众筹平台及综合众筹平台的农业板块来看，农业众筹主要采取四种形式。

一是农产品预售，即项目发起人将土地划分为一小块，以私人订制的方式由投资者认购，并获得农场主证书。投资者既可以自己种植农产品、游玩，也可以委托项目发起人负责种植。项目发起方可以根据投资人的预定制定种植计划，没有销售环节，大大减少了一些不确定的因素（如销售难、价格低），降低了种植风险。

二是农产品实销，类似电销，即农产品已经成熟，将众筹作为网上销售渠道之一。这类众筹可以打开多渠道网上销售，又带有"慈善"和"公益"性质，帮助农民解决众多现实问题。

三是农业项目整体众筹，与前两类"商品交易"性质不同，这类项目主要是股权众筹或收益权众筹，投资人持有股权或享有分红权。

四是农业供应链产业整体解决方案众筹，即通过平台委托农户种植、养殖，以"实物+权益"的方式回报众筹参与者，从农业生产环节介入，帮助农户募集生产资金，解决农产品销售，提升农业品牌附加值；同时缩短流通环节，为城市消费者提供安全健康的原生态食材。

无论众筹形式如何，最终的目的都是金融服务农业，并推动传统农业的转型。尽管目前众筹对于"三农"产业发展资金支持方面的作用还很有限，但随着各众筹平台在众筹服务模式上的探索及服务水平的提升，以及国家对于互联网金融与农业结合相关政策的鼓励及扶持，未来，众筹对于"三农"产业的发展作用将持续增强。

本部分仅列举了科技、文化创意及农业三个方向的众筹探索，事实上，众筹可以与社会上几乎所有的产业、行业结合，这种结合产生的价值是1+1远远大于2的，因为互联网金融与产业的结合，是一种聚合式创新。

（二）金融科技助力众筹服务升级

2016年5月，一个叫做"The DAO"的区块链项目在自己网站（https：//daohub.org/）进行众筹（如图5-10）。DAO是一个完全基于区块链的项目，根据其项目白皮书介绍，该项目试图打造成一个去中心化的分布式基金，该基金将会专门用于投资各类区块链项目。该项目众筹从2016年5月1日开始，截至2016年5月28日9：00，投资者用以太币（Ether）进行投资，总额达到1千万的以太币，当时的价值达到1.05亿美元，并毫无悬念将超过全球融资额第一的《星际公民》(*Star Citizen*)。

图5-10　DAO区块链项目网站截图

这个区块链项目，因其融资额及风险问题，在全球范围内引起极大争议。即使这样，很多投资者仍抱着乐观的态度对待此次众筹。而这次众筹事件背后，也预示了区块链这一前沿技术将在未来社会中发挥巨大作用。

"互联网金融"一词的诞生，反映了互联网对传统金融的创新与变革。

第五章 众筹

随着包括众筹在内的各种互联网运作模式的不断发展,"互联网金融"在注重"金融"本质的风控、信用等方面之外,也在不断提升互联网及信息技术在构建未来互联网金融产业的地位。

随着大数据、云计算、区块链、人工智能、移动互联等新一代信息技术的发展和应用,科技在提升金融效率、改善金融服务方面的影响越发显著。对于企业而言,在技术上的投入和创新的能力也将愈发重要。2015年以来,此前在美国等地使用较多的 Fintech(即金融科技,金融 Financial 与科技 Technology 的合成词)一词,也逐渐成为互联网金融行业的热词。与"互联网金融"一词强调以"金融"为核心不同,Fintech 是金融科技以"科技"为核心,注重大数据、云计算、区块链等技术在金融服务和产品上的应用。

尽管目前"互联网金融"与"金融科技"一词的界限与区分在行业内颇有争议,不可否认的是,大数据、云计算、区块链、人工智能、移动互联等技术在提升金融效率、改善金融服务等方面作用确实非常明显,并已有不少实际应用的案例。那么这些技术在众筹领域将带来哪些改变呢?

1. 开拓新业务

对于众筹平台来说,尤其是股权、收益权众筹平台,由于平台对于项目风险的把控,承担着类似风险投资机构的尽调、审核职能。在互联网金融、风险投资人才短缺的情况下,众筹平台对于自己团队不熟悉的领域,借助大数据分析、云计算等互联网及信息技术,能更有效判断项目的风险并提升尽调的效率与效果。因此,众筹平台有望通过这些技术的运用,将业务拓展到与过往平台相对不熟悉的领域,同时,也不会因此降低平台对项目审核及风控的标准。

2. 降低运营成本

互联网及信息技术如何实现运营成本的降低呢?举个简单的例子,目前很多众筹平台的项目尽调、融资款支付及协议签署都通过线下完成。从过往的经验来看，项目尽调如果采取传统方式进行，则耗时耗力，效率低下；而在项目尽调时通过云计算、大数据系统渠道的打通，很多以往需要线下完成的项目相关资料的搜集通过大数据搜集即可完成；融资款支付及协议签署，尽管目前很多P2P平台都通过线上进行，但众筹平台，由于项目审核机制及资金安全的考虑，仍主要通过线下完成，而这种操作方式，整个项目从尽调到众筹相关手续办理完毕，往往耗时数月，平台投入的时间、人力等各方面成本居高不下；尽管目前线上支付、线上签约甚至线上仲裁都已实现，但并未大规模普及，未来，随着相关技术的成熟，从安全、成本及效率方面综合衡量，将能有助于众筹平台整体成本的下降。

3. 提升平台服务及管理

对于众筹平台来说，筹后管理是行业普遍面临的难题与痛点。众筹平台的项目，众筹成功后，并不意味着与项目相关的业务就此结束，这意味着，平台筹后管理的"长征"才刚刚开始。对项目及投资人的筹后管理与服务，短则持续数月，长则持续几年，对于目前众筹平台盈利模式尚未完全探索到位之前，平台的收益及承担的项目、投资人服务与管理义务完全不成正比。区块链的开放式数据管理接口，能让平台、项目方及投资人共同参与项目的后续管理与维护；区块链的加密、防篡改技术，能确保数据的真实性、完整性及持续性；另外，区块链的快速数据处理能力及保密性，能确保投资人与项目方之间在信息交流、款项支付及协议签订方面实现高效、保密的功能。这些技术，能有效提升众筹平台的筹后管理、服务水平与服务效率。

综上所述，互联网及信息技术，在众筹及其他互联网金融领域的发展，具有举足轻重的作用，我们应以更开放的心态去看待这些新技术并将其物尽其用，利用其推动整个行业的创新与发展。

（三）单一服务到生态化服务

对于众筹如何更好地服务创新创业，我们一直在不断探索与创新，并将其上升至理论高度，反作用于实践。对于众筹的服务模式，我们此前曾在与上海商业发展研究院合作的课题《基于众筹的创新企业孵化培育案例研究》中，将目前的众筹平台服务模式概况为单一模式、半生态模式及全生态模式三种类型，并通过多个案例将每种模式对创新创业项目发展所起到的帮助作用进行了研究。通过该研究，我们认为全生态模式是支持创新创业最有效的模式。各服务模式概况如下。

1. 单一模式

即众筹平台仅提供项目方案简单审核、展示宣传及众筹款项支付通道等服务。由于该模式为创业项目提供的服务较为单一，仅为筹资服务，在服务的广度与深度上均缺乏延展性，对于各方面资源均缺乏的创业项目而言，吸引力较弱，平台在市场上的竞争力也很弱。单一模式服务链条如图5-11所示。

图5-11 单一服务链条

这种单一服务链条模式，从项目进入链条之初，由于审核机制不完善，就导致项目质量参差不齐，再加上后续服务单薄、肤浅，导致项目在众筹完成之时，已经埋下了众多风控隐患，加之投后服务基本缺失，项目即使众筹成功，但运营失败，同时也给投资人造成损失，这些结果看似偶然，实则必然。

2. 半生态模式

即众筹平台在提供上述单一模式所列的服务之外，会引进一些战略合作方。借助这些合作方，为平台的创业项目提供更多创新创业所需的服务，在服务上往前端（如孵化器）或后端（地方股权交易中心、新三板等）进行了一定程度的延生，提供更广的服务。

这种"半生态模式"（如图5-12），也是各大平台在众筹实践中进行探索后的服务提升，但这种模式为创新创业项目提供的服务，还无法进行循环利用，即尚未形成闭环。这种模式，可认为是众筹平台在发展过程中，进行探索的必经之路。随着平台的实践，这种朝后端延生的半生态服务模式，将在服务内容的纵深上继续扩展，同时，也将继续在众筹的前端进行扩展，通过这种前后端扩展，形成众筹平台服务的生态闭环。

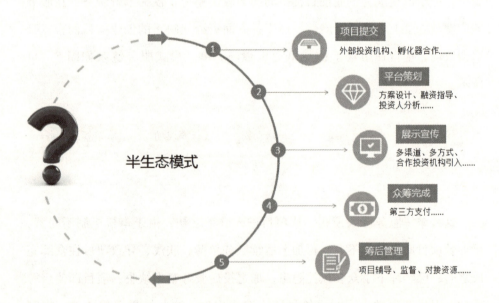

图5-12 半生态模式图

3. 全生态模式

即众筹平台围绕创新创业项目的主要需求，将平台的众筹服务进行纵横延生，以达到深度、持续服务创新创业项目，以将其打造成行业领跑者为终极目标的众筹服务模式。这类服务模式又比前两类服务模式的服务深度及广度有了更大的提升。

这类平台与前两类平台除了在机制设立、业务模式上有了进一步发展，最本质的区别在于这个时候平台的属性已从众筹的单一功能演化成"孵化"功能，往往会有自己或合作的线下孵化器，进而可持续提供对初创企业在产品、服务、市场、财务等维度给予不间断的匡扶与指引。对于初创企业的帮助与扶持作用更为显著，不仅可以为企业提供更多基本资源筹集功能，还能通过向前端进行延生，包括产业研究、实践型创业导师的指导；后端延生，包括优质专业孵化体系（包括创业孵化、产业孵化）的孵化、技术服务、人才对接、后续融资对接等专业服务，让初创企业获得更大机会度过创业的"死亡谷"，提高个体创新创业的成功率，进而通过长期积累，提高整个社会创新创业的成功率。

全生态服务模式的众筹平台，通过前后端服务的同时延生，逐步构建起一个以平台为核心，整合各种资源进行有序、融合服务的生态闭环，使得创新创业项目在该套生态体系内，能获得成长和发展的全面服务，在自身快速成长与发展的过程中，与平台及平台的资源系统形成高黏度的利益共同体，同时也促进体系内其它环节的进化与成长。

至此我们可以看出全生态平台无论是从功能上，还是从结构上都更适合初创企业，特别是它已具备的众筹与孵化的双属性，这也是全生态平台为什么受到越来越多初创企业追捧的原因。

事实上，国内外的众筹平台，但凡在意识上认为应该逐步建立众筹生态服务模式，或者在实力上能够打造众筹生态服务体系的，都在加紧体系中各大环节的布局。当然，所谓众筹生态服务体系，尽管不可或缺在思想、项目、资本及筹后服务几大板块的深化，但各平台都会基于自身优势及既有资源，在各板块的不同要素上下功夫。例如，京东众筹就打造了独特的以电商平台为核心的众筹生态服务体系。京东众筹依托于原有的电商服务体系，并在此基础上进行延生，形成覆盖资源扶持、投资、全产业链服务、培训等四大体系，打造一站式创业创新服务平台（如图5-13）。资源方面，针对不同阶段创业需求，可为创业企业对接京东商城、京东到家、京东智能等京东体系内资源；通过雏鹰计划或京东众创基金，创业企业可获得资金支持，以渡过成长的瓶颈期；京东金融搭建的B2B平台"众创+"以及"赴筹者联盟"将提供全产业链服务；此外，京东众创学院和小众班还将为创业创新企业提供系列培训课程。

图5-13 京东众筹生态简图

京东众筹依托于其集团庞大的资源体系，构建投资、培训、产业链及电商四大体系助力创新创业,将成熟体系的资源向创新创业进行导流,通过系统梳理,能对创新创业起到促进作用。京东众筹的服务模式可概括为一种"电商系众筹生态服务模式"。

当然,除了京东,其他巨头也都纷纷在布局以自有资源为核心的众筹生态,包括百度、淘宝、小米、360、36氪等等,都在不断完善自己的互联网金融生态体系。

三、海鳖特色的众筹新探索

在众筹行业的曲折前行历程中,海鳖众筹作为国内最早一批探索众筹的平台之一,基于与生俱来的风险投资基因,依托背后的创新产业孵化集团,一直在不断探索具有自己特色的众筹模式及服务。本书上一部分提到的众筹行业新探索,海鳖众筹也一直在不断进行,包括服务领域的拓展、注重金融与科技的结合以及全生态服务模式的探索。在此,我们对过往探索的经验进行分享。

(一)VC基因——与生俱来的优势

"海鳖"二字寓意深长。"海"即"海洋",寓意海洋文化、国际视野、国际经验及国际创新;"鳖"即"土鳖",寓意本土智慧、中国实践及接地气。平台成立的初心,就是要将国际视野融合本土智慧、将国际经验结合中国实践、将国际创新接壤中国地气,致力于打造一优质项目、稀缺资源与资本融合的创新创业综合服务平台。

海鳖众筹自诞生以来,便带有与生俱来的风险投资(VC)基因。平台诞生于中大创投从VC/PE转型天使投资的大背景下,联合创始人舒元先生及郑贵辉先生具有创投界、金融界、产业界深厚背景,认为众筹在未来具有巨大的发展潜力,尤其在与创投推动创新创业结合层面!联合创始人郑贵辉先生在2013年就提出:"众筹是一个什么都不是,但什么都是的创新体。其采取的方式不是裂变,而是聚变。看似量变,却是由量变引起质变,所以威力极大,生生不息,对传统投融资产业链进行重构或革命。不管承不承认,在中国急需创新的今天,众筹之潮势不可挡!"

海鳖众筹于2013年开始筹划;2014年4月,广东海鳖信息科技股份有限公司成立;同年6月,海鳖众筹平台正式上线,成为国内众筹行业最早的一批探索者。至今,平台已经为盈天文化、乐窝公寓、易简体育等30余个项目融资近8000万元。

(二) 业务——收益权众筹

海鳖众筹一路以来,对股权众筹、债权众筹、实物众筹及公益众筹,都有探索与实践。最终海鳖众筹将业务模式定位于收益权众筹,既区别于传统金融机构的债权融资服务,也区别于专业的风险投资机构融资服务,开辟了海鳖众筹的独特业务模式(如图5-14)。

收益权众筹,是指项目发起人(筹资人)将其经营的企业、项目或者某项业务、权利、产品或服务等的未来收益的一定比例作为回报,以吸引投资者参与的一种资金筹集方式。

对于创业者来说,既无须出让股权,也无须在短期内返还投资人的投资款,同时又能融到资金、资源,让投资人一路伴随企业成长。这对于投资人及创业者来说,都是一种相对较"轻"的合作模式,在"大众创业、万众创新"的今天,这种模式对于推动社会创新与发展有重要价值及意义。

图 5-14 海鳌众筹网站

(三) 风控——"VC+传统金融"

海鳌众筹主要服务天使轮、Pre-A 轮的科技创新、文化创意、消费升级及大健康等领域的创新创业项目。而这些项目的融资,到目前为止,仍然被挡在传统金融机构的大门外。

目前的社会大环境下,除了风险投资,互联网金融应该是这些创新创业项目最可依赖的融资渠道了。为何这些被传统金融或风险投资机构拒之门外的项目,却有可能成为海鳌众筹合作的对象呢?在传统金融机构的审核体系里,过往几年的财务状况、实物资产抵押、在银行信用积累等等条件,都成为初创型企业被挡在门外的一道道门槛。而风险投资机构的资金进入形式必定是以股权为代价,在资金进入形式上的灵活性方面并不占优势。正因为如此,收益权众筹有了其独特的、差异化的服务领域。

海鳌众筹针对平台项目的风控标准,兼顾了传统金融机构的财务状况审核,同时引入了风险投资领域对人(或团队)把控、项目发展前景等多个维度,看企业过往的成长,更看重其未来的发展潜力。正因为如此,包括银行、券商等金融机构都主动提出与海鳖众筹进行合作，结合各自的优势，共同从不同角度、不同阶段为创新创业提供融资服务。

（四）系统——拥抱新技术提升服务能力

2016年10月，海鳖众筹线上系统完成第三次升级改版并正式上线。海鳖众筹平台的每一次改版，都做到"内外兼修"，除在视觉体验上给到用户别样体验，更注重系统服务能力的提升。例如，对于用户而言，除了实现更优化的项目线上提交功能之外，还打造了线上支付、线上签约、线上投后管理等系统服务，逐步实现以线上服务为主、线下服务为辅的双重服务模式。除了PC端的布局，平台的移动端服务体验也在持续提升。未来，海鳖众筹将充分利用移动互联带来的便利，更好地服务平台用户（如图5-15、图5-16）。

图5-15　海鳖众筹官网页面

图5-16 海鳘众筹个人系统服务事项页面截图

未来，随着平台业务的不断发展，海鳘众筹将持续引入区块链、人工智能等前沿互联网技术，提升平台持续服务用户的能力及水平。例如，利用区块链技术打造筹后管理服务系统，通过区块链的开放式管理接口，实现平台、项目方及投资人的共管数据库；利用区块链的加密技术，实现数据库信息的真实、完整及不可更改特性；利用区块链的快速数据处理能力，实现平台、项目方及投资人各方直接的支付、结算及协议签订等功能。未来，海鳘众筹将打造一个智能、高效、安全的互联网金融平台。

（五）服务——全生态模式探索，打造众筹产业化升级

依托中创集团及其独特的"六众"体系中的其他"五众"（众创、众包、众扶、众智、众育）平台，海鳘众筹为项目方提供上一章里提到的全生态服务，即平台围绕创新创业项目的主要需求，将平台的众筹服务进行纵横延生，以达到深度、持续服务创新创业项目，将其打造成行业领跑者为终极

目标（如图 5-17）。

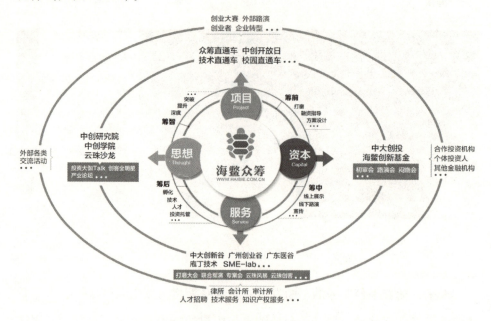

图 5-17　海鳖众筹生态图

海鳖众筹在服务体系上，从思想、项目、资本及服务四大维度做了深度布局，从项目入口开始的创业辅导、孵化到众筹成功后的孵化、资源对接等等，能够帮助项目从创立初期到走向产业化提供全方位跟踪服务，而这些都与平台的创业孵化体系构建密切相关。为便于理解，我们以平台实际服务的乐窝公寓项目为例，来阐述整体服务体系的运作情况。

1. 项目简介

乐窝公寓始于重庆，并延伸至广州，是一个面向现代化都市青年、并以提供高性价比公寓为基础的优质青年社区。乐窝公寓品牌定位于"大学生毕业之后的第一个家"，面向 29 岁及以下的庞大租客群体，推出高性价比的租住服务，并在每个社区配置军人管家，确保住户的人身财产安全。乐窝公寓以精致的环境设计，舒适的房间布局，便捷的公共配套，致力为青年们提供满意租住体验（如图5-18）。

图5-18　海鳌众筹网站—乐窝公寓项目

2015年8月，乐窝公寓项目正式上线，融资50万元。上线短短几个小时，乐窝公寓项目份额被抢购64%，并最终超额完成融资目标，成功融资额为预计筹资额的120%！

2015年年底，因业务发展需要，乐窝公寓再次登录平台进行第二期众筹。由于第一期众筹完成后项目发展顺利，第二期众筹更加的抢手，很快就超额完成了众筹，最初设定的目标金额为80万，最终筹得108万。如今，乐窝公寓通过众筹的支持，业务规模已达到众筹前的八倍！

随着乐窝公寓业务的不断发展，2016年11月，乐窝公寓在海鳌众筹平台发起第三轮众筹，仅一天即众筹成功！

2. 服务体系

针对该项目，海鳌众筹及平台依托的中创集团各体系，主要提供了如下服务。

（1）产业研究

以中创产业研究院为核心的产业研究机构，其成果直接来源于包括海鳌众筹在内的各大平台实战积累,并用以指导各类创业项目与投资。针对产业投资而做的产业研究,成果也直接用于乐窝公寓项目,帮助其进行产业、市场分析及战略制定。

(2) 风险资本

接触该项目后,中大创投与海鳌众筹共同对项目进行考察及尽调。达到相关审核标准后,引进中大创投的风险投资,直接与创新创业团队建立最紧密的联系,为后续孵化铺垫。

(3) 众筹融资

除中大创投的风险投资以外,乐窝项目用于业务扩张的大部分资金都以收益权形式进入乐窝项目,在不稀释股权的前提下,解决项目发展所需的资金,帮助项目成长,同时,也通过海鳌众筹平台对其进行品牌宣传,在众筹资金的同时,为乐窝项目众筹到了包括市场、人脉等各项资源。未来,海鳌众筹的融资及各方面服务将持续伴随乐窝公寓项目的成长之路。

(4) 创业孵化

乐窝公寓项目起步于重庆。为更好地服务该项目,前期对项目的孵化主要通过线上方式进行,通过及时的线上沟通,为项目发展过程中遇到的问题及时提供解决方案,并结合不定期的线下面对面辅导,对项目的发展提供帮助。随着重庆市场第一青年公寓品牌的建立,为获得更好的发展空间,乐窝公寓于2016年4月移师广州,并入驻中大创新谷。在这里,除了获得工商、法律、税务、财务等基础服务外,更重要的是,乐窝项目在战略规划、商业模式、人才、市场等方面能获得顶级创业导师的指导与服务,获得与资本同等重要的宝贵创业资源。

(5) 技术支持

乐窝公寓为实现其线上系统更方便远程订房、看房及提供相关服务,需要技术支持。庖丁技术为其对接技术团队，并提供技术支持，为其改善线上服务奠定基础。

（6）跨界交流

通过海鳖众筹举办的众筹直通车、创客全明星、投资大咖 Talk 等线上线下活动，以及云珠沙龙举办的各类创新创业跨界交流活动，乐窝公寓项目既分享自己的创业经验，也吸收来自其他创业团队、各行业精英及投资大咖带来的思想盛宴，助力其更好地规划和打造乐窝公寓项目。

（7）创业教育

通过以中创学院为核心的定期、不定期、线上、线下创业投资培训，乐窝公寓项目的创始人及核心管理团队有机会接受国内外相关行业一线的实业家、产业领袖对其进行产业、管理、战略等各方面的指导。

（8）产业孵化

未来，随着乐窝公寓项目不断发展，成长到一定规模后，将离开中大创新谷这样的创业孵化器，进入中创集团为成长型企业打造的产业孵化器。在那里，乐窝公寓项目将获得相应的成长配套服务，直到走上 IPO。

除与中创集团内部资源合作外，为打通平台创业项目的资本通道，海鳖众筹还与股权交易中心、券商、各大并购基金等进行密切合作，为项目的持续发展储备更多的资本渠道。

海鳖众筹不仅能帮助项目从初期到走向产业化、走向 IPO 全程进行培育、服务，并且凭借庞大的资源体系，还能助力不同阶段项目进行转型升级，进而促进整个产业的发展。

从海鳖众筹对上述具体案例的服务来看，海鳖众筹的生态服务模式与京东众筹这样的以电商为核心的生态服务模式不同，其依托中创集团的"创新产业孵化"体系，"聚合"创新的服务能力，是一种基于创投理念进行服务的众筹服务生态体系，可称之为"投行系众筹生态服务模式"。这种服务模式，通过思想、资本、技术、孵化等各维度的共同作用与扶持，将为各领域的创新创业到产业的发展，起到强大的支持与促进作用！

引言

　　民间智库是指处于政府系统之外的专门从事政策研究和提供决策咨询服务的机构,其对社会经济、政治、文化和科技的发展具有深远影响。基于民间智库对我国未来发展的重大意义,本章梳理了我国民间智库的产生和发展,以 21 世纪教育研究院、中国(海南)改革发展研究院和零点研究咨询集团为例,介绍我国民间智库的具体实践。再以中创产业研究院为例,研究民间智库发展的"新探索"。最后探讨了我国民间智库未来发展的路径选择。

第六章 众　　智

一、众智——"民间智库"的产生与实践

（一）智库和民间智库

"众智"，字面意思可以理解为众人的智慧，我们具体化为"民间智库"这样的组织机构。就"智库"的定义而言，学界有不同的观点，但基本趋同。根据 Encyclopedia Britannica 的定义，又称为思想库（Think Tank）、智囊团，是指通过提供专业领域的知识来对政策的实施提供建议和咨询的组织机构，大部分都是非营利性、非官方性的公益性公共组织，但其作用是为政府和行业提供决策服务。宾夕法尼亚大学的《全球智库报告》指出，它是进行政策性研究和分析并对国内国际事务提出建议的公共政策研究分析管理机构，其建立的目的在于确保决策者和公众对公共政策问题做出明智的确定，其通常是一个结构稳定、长期存在的主体，既可作为附属机构也可以是独立机构。综上，智库既包括为政府和商业服务的商业咨询公司、技术服务公司、工程咨询公司，也包括民间公共政策研究机构。

关于智库的类型,根据不同划分方法可以分为不同类型的智库,如图 6-1。

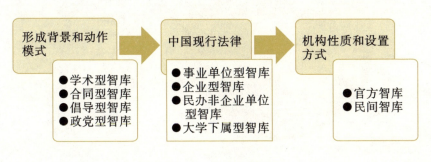

图 6-1 智库的分类

如果按照智库与决策者的亲疏关系以及"智政渠道"通畅与否分类,中国特色新型智库体系呈现圈层结构的特点(如图 6-2)。首先党政军直属的政策研究机构处于内圈层,其次社科院、科学院等科研院所智库处于中圈层,高校智库处于外圈层,而民间智库(包括接受社会资本的体制内智库)则非均匀的分布在各圈层中,成为对体制内智库的有益补充。

民间智库,在中国也称"体制外智库",它是相对体制内的官方智库或政府智库而言的,指处于政府系统(政党系统)之外的专门从事政策研究和提供决策咨询服务的组织机构,其运作经费不是来自财政拨款,而是来自项目和课题研究以及社会捐赠、企业和境外基金资助等。民间智库根据其组织身份不同,主要有四种类型:一是社团法人,如中国国际经济交流中心。二是民办非企业单位法人,如中国(海南)改革发展研究院、上海华夏社会发展研究院;三是企业法人,如零点研究咨询集团、北京安邦咨询公司;四是高校内的非法人研究机构,如北京大学经济研究中心、清华大学国情研究中心。

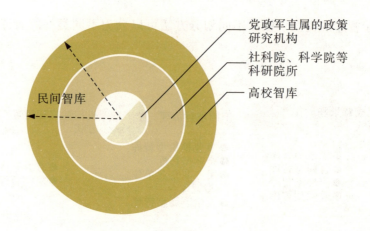

图6-2 中国特色的智库圈层结构

（二）民间智库的产生和发展

民间智库在中国的存在由来已久，有学者考究，从孔子的"礼失而求诸野"到政府的民间"采风"；从汉乐府、宋词对于民间艺术的借鉴，到诸葛亮、刘伯温所代表的师爷文化；从新中国成立后参政议政的实施到改革开放后"民间立场"的强化，这些都是民间智库的表现形式。

民间智库的正式产生是在1978年，在改革开放，重振经济和快速发展的多重条件催化下，现代意义的政策研究与决策咨询机构正式产生，其发展离不开适宜的政治环境和思想文化基础，在民间智库缓慢发展的进程中，出现过三个相对"活跃期"（如表6-1）。

表6-1 我国民间智库的三个"活跃期"

时期	发展
20世纪80年代	政治环境：中国百废待兴，改革开放成为国家和人民的迫切需要。邓小平等国家领导人认识到决策咨询的战略意义，并提出决策科学化的口号；十一届三中全会之后，实事求是的思想路线重新确立。 思想背景：政府决策科学化民主化有了可喜的进步，形成了政策研究与决策咨询的氛围。 典型例子：1988年曹思源离开国家体改委，创办北京四通经济研究所；1989年体制内外联手，由马洪等经济学家、社会活动家和企业家自愿联合发起成立综合开发研究院
20世纪90年代	政治环境：1992年邓小平南方讲话后，新一轮的改革开放。 思想背景：改革开放的推进也使得政府内部思想资源显得不足，体制内智库难以完全胜任改革发展的需要。 典型例子：曹思源90年代初创办的北京思源破产事务研究所；1992年袁岳创建的北京零点调查研究中心；1993年茅于轼与社科院经济所张曙光、盛洪等组建的天则经济研究所；1994年林毅夫离开中央农村政策研究室，创办北京大学经济研究中心；1994年鲍宗豪创办上海华夏社会发展研究院
2004年以后	政治环境：进入21世纪，面对纷繁复杂的国际形势，对正在崛起的中国而言，战略机遇期与矛盾凸显期交织呈现，改革进入攻坚克难时期。 思想背景：2013年4月，习近平总书记首次提出建设"中国特色新型智库"的目标，将智库发展视为国家软实力的重要组成部分，并提升到国家战略的高度。 典型例子："中国特色新型智库"成为舆论热点

（三）民间智库的特征

民间智库在中国属于社会组织，其除了具有社会组织的一般特征之外，其组织形态和运作方式也是大同小异（如表6-2）。

表6-2 民间智库的特征

名称	特征
名称	主要有研究院、研究所、研究中心、咨询公司等形式
创办方式	大多数创始人之前有体制内的工作经验,然后脱离原工作单位,凭借其之前积累的关系和研究资源在体制外创立研究机构,承接政府和企业委托的项目和课题研究
业务范围	较广泛,涉及多方领域,包括政治、经济、文化、教育、生态等。而对于单个智库而言,也有其主营的研究领域
研究人员	有学者、企业家、退休的政府官员和刚毕业的学生,一般以某个领军人物为核心,其他为专职或兼职的工作人员(兼职者较多,全职者较少),他们根据项目和课题研究的需要,形成较为松散的研究团队
课题获取方式	民间智库属于体制外的社会组织,所以在获取政府和企业课题时往往需要通过体制内相关人士的举荐
经营管理模式	民间智库通常是由具有创业精神的政策精英创办的,在初始阶段,创办者的个人能力、知名度以及人脉关系往往是影响民间智库发展的重要因素;在智库外部建设上创办者会十分注重社会关系网的营建与拓展,注重打造自身和智库的社会形象,注重扩大和传播课题成果的社会影响。而智库内部的日常运作与管理,也是精英主导型的方式

(四) 民间智库的实践

从中国活跃智库的类别特征看,有41%是党政军智库,22%是社会科学院智库(含科学院、工程院),37%是民间智库,如图6-3所示。根据上海社会科学院智库研究中心的《2015年中国智库报告》,我国民间智库的影响力排名如表6-3所示,下面以21世纪教育研究院、中国(海南)改革发展研究院和零点研究咨询集团为例,介绍我国民间智库的具体实践。

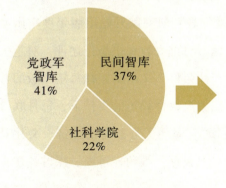

图 6-3　我国智库类型占比

表 6-3　民间智库的影响力排名

排名	智库名称
1	中国国际经济交流中心
2	21 世纪教育研究院
3	中国（海南）改革发展研究院
4	综合开发研究院
5	胡润研究院
6	零点研究咨询集团

1. 21 世纪教育研究院

成立时间：2002 年。

首席专家/负责人：苏州市主管教育的副市长朱永新。

目标定位：其初衷是倡导"以理想教育为核心的新教育"，开展教育改革实验，当时注册的是民办非企业单位。

发展历程：成立之初，朱永新邀请了一些民办教育机构的负责人组成理事会。2004 年聘请北京理工大学高等教育研究所教授杨东平出任理事长兼院长。在研究院框架下，一直以来有两个研究方向，一个是由朱永新教授发起的面向中小学的"新教育实验"，一个是杨东平教授感兴趣的教育公共政策的倡导。杨东平担任院长后重点推进教育公共政策的研究，逐渐在北京形成了一个相对独立的工作单位。到 2008 年下半年，在北京的部分正式与苏州的部分分离，苏州部分改名叫新教育研究院，专门从事新教育实验的研究，并另聘了院长。北京部分独立，更名为 21 世纪教育研究院，杨东平任院长。

21 世纪教育研究院成立以后，在福特基金会的资助下，与《人民政协报》（教育周刊）合作，在北京开设 21 世纪教育沙龙，搭建了一个民间开放性的学术交流平台，定期讨论重大教育政策和教育热点问题，以促进教育决策科学化，推动教育实践。2004年21世纪教育研究院开始出版年度中国教育蓝皮书，以民间视角关注中国教育问题，对重大教育事态作述评，对重大问题深入分析研究。教育蓝皮书后来纳入社会科学文献出版社每年出版的蓝皮书系列。他们还与国家图书馆联合，在新浪教育频道的支持下，每月联合组织公益性学术讲坛——"新民教育讲坛"，邀请关心教育的经济、文化及社会各界精英人士以教育与社会发展的"大教育"视角，审视、探讨、建言当前和未来的中国教育。

随着21世纪教育研究院组织的分化和志同道合人员的加入，21世纪教育研究院从事教育公共政策研究、评估和倡导的组织定位逐渐清晰。2008年他们开始组织的转型，明确了"要成为中国民间最具公信力的智库"的目标，确定了"以独立视角研究教育问题、以社会力量推动教育进步为使命。"2008年他们创办了《教育信息双周刊》电子期刊，定期从媒体公开发布的信息中，整理出重要的中国教育信息，以帮助关心教育、工作繁忙的各界人士，在全局视野中更好地思察、改进相关工作。又与腾讯公益慈善基金会、南都公益基金会、新公民之友、北京市西部阳光农村发展基金会合作，开展公益新公民创新奖的评选，旨在以第三方力量，宣传和推广那些为农民工子女受教育环境的改善做出重要贡献的地方政府、企业、公益机构、媒体、学校及个人。特别值得关注的是，2008年21世纪教育研究院发起并成功举办了首届"地方教育制度创新奖"，进行了一次"民间评价教育的有益尝试"。全国30余个省、市地方政府积极参与，产生了广泛的社会影响。这次活动举办后，湖北省教育厅就效仿该奖项在全省设立"地方教育制度创新奖"，重奖省内有制度创新的地方教育部门，推动以教育创新促进教育改革。很显然，他们开始由直接影响公众、间接作用于政府，转而着眼直接影响政府。

第六章 众智

2009年21世纪教育研究院在服务政府方面继续开拓，他们抓住国家制订中长期教育改革发展规划纲要的契机，积极倡导"为教育改革和发展建言献策"。不仅研制了民间版的国家中长期教育改革发展规划纲要，还承揽了中新天津生态城教育规划项目、上海市浦东新区教育规划项目，以及成都市武侯区教育规划项目。2010年1月，《中国经济体制改革》杂志社、中国改革理事会共同发起开展中国改革年度评选活动，21世纪教育研究院被评选为"2009中国改革年度机构"。目前，21世纪教育研究院已经把建设成民间教育智库作为其发展目标，但在现阶段环境条件下，体制外运行导致的资源性约束仍是难以克服的瓶颈。从经费资源来说，政策研究项目很难获得支持，即申请民间或政府研究基金的成功率很低。从人力资源来说，还很缺乏高素质的专业人士投身于这项事业。不过更难克服的是体制性的信用资源缺乏，目前民间话语在政府话语面前，力量还是相当微弱的，因此21世纪教育研究院要成长为真正的教育智库还有很长的路要走。

2．中国（海南）改革发展研究院

成立时间：1991年11月1日。

首席专家/负责人：国务院发展研究中心原主任王梦奎。

目标定位：是一家以转轨经济理论和政策研究为主，培训、咨询和会议产业并举的改革研究机构。中国（海南）改革发展研究院成立以来，前瞻性地研究重大改革难点和热点课题，努力发展成中国改革智库。

发展历程：20世纪90年代初，中共十四大提出建立中国特色社会主义市场经济改革之后，国有企业改革成为当时改革的重点，中国（海南）改革发展研究院连续提交了将近20份改革建议政策报告，大部分改革建议政策报告都进入了相关决策部门的研究视野，引起了多方面的关注。与此同时，中国（海南）改革发展研究院还和原国家体改委的生产司合作，在全国首先举办股份制改革试点研究人才研讨班，为全国培养第一批股份制改革的研究人才。

中国（海南）改革发展研究院还及时针对社会出现的危机进行应对性改革研究。1994年的通货膨胀到1998年的通缩危机，2004年结构性过热，中国（海南）改革发展研究院都向政府提交了大量政策建议报告，很多政策建议报告都被计为用作研讨、制定政策的参考件。2008年国际金融危机爆发后，中国（海南）改革发展研究院论证了我国出口导向发展模式已经难以为继，投资出口导向型增长方式已经终结结论。十四大之后中国（海南）改革发展研究院又研究中国走向市场经济的重大理论与现实问题，出版了一套《走向市场经济的中国》丛书。2007年，受联合国开发计划署委托中国（海南）改革发展研究院撰写《中国人类发展报告》，深入分析中国社会主要矛盾变化的阶段性特征，提出公共需求全面快速增长与公共产品短缺，公共服务不到位，成为我国新阶段社会的突出矛盾，系统回答了我国作为发展中大国和转型中大国怎样走向共同富裕的重大课题。2009年又提交了"十二五"改革规划研究报告，提出以发展方式转变为主线的改革规划思路。2012年研究撰写国家发展战略研究丛书。近几年来中国（海南）改革发展研究院又出版中国改革年度报告，被作为学习的参考读本和教材。

自中国（海南）改革发展研究院成立以来，向中央有关部门提交改革政策、立法建议报告160余份，撰写改革调研报告488份，先后承担80多项改革政策咨询课题，出版改革研究专编著280余部，发表论文1700余篇，在中国发展道路上贡献了一份力量。

3. 零点研究咨询集团

成立时间：1992年。

首席专家/负责人：袁岳博士。

目标定位：最初注册为零点调查，主要关注社会民意、公共政策和管理等方面。

发展历程：零点研究咨询集团（简称零点）的发展历程主要分为以下几个阶段。

（1）1992—1994年，市场调查需求少，民意调查起步。零点成立之初就十分关注民意调查。1993年，零点受中国共产党中共委员会宣传部（简称中共中央宣传部）的委托进行了外地进京劳动者心态和生活方式研究。同年又受国家统计局综合司的委托进行了城市居民对通货膨胀的心理承受能力调查。1994年与中华全国工商业联合会（简称全国工商联）联合开展了全国186个地级以上城市投资环境评估。同时，受一些国际组织的资助，还做过一些流动人口的调查研究。

（2）1994—1997年，这几年是我国社会主义市场经济大发展的时期，这一阶段的企业发展充满活力，各种市场调查研究需求也不断增加。此阶段的零点没有一心扑在市场调查研究的经济效益主要业务上，依然坚持每周都做一个民意调查，并发布一个调查结果，以此打造零点品牌的核心，赢取口碑。

（3）1998—2002年，公共政策调查起步。1998年之前零点对于公共政策及管理的研究多是自主发布一些民意调查研究，以及少量的政府相关部门委托的民意调查研究。但1998年以后，地方政府开始委托零点做相关的投资环境调查。

（4）2003年至今，成立公共事业部，公共政策调查专业化。零点公共事务研究事业部在2003年正式成立，专门为政府机构、社团组织、基金会等组织提供市场调查、民意测验、政策性调查和内部管理调查的客观中立研究。零点的公共事务部在当时可以说是独树一帜，其他的企业并没有类似的专业部门。零点公共事业部在服务型政府改革的背景下，业务得到快速的增长，营业额从 2003 年开始连续四年都以 50% 以上的速度增长。业务水平在此期间得到全面提高，核心服务开始专业细分。经过 20 余年的发展，目前零点已经成为中国民间智库最具代表性的旗帜。

零点主要通过以下四个渠道来发挥其民间智库的作用。一是研究与发布指数。零点自 1995 年即启动了《城市流动人口生活状况调查》，其后每年启动一个重大公益类研究主题，覆盖社会各个领域的热点话题。零点在 2000 年又创办了指标数据公司，致力于以创新研究方法及最佳研究实践帮助客户更好的理解和洞察中国社会。二是出版书籍刊物。零点自成立以来已经出版了多本书籍刊物。零点每年都能涌现出数十篇具有影响力的优秀论文在国际、国内高端研讨会发表。三是举办论坛会议和研讨会。零点集团通过这些活动不仅宣传了零点的理念，而且树立了良好的社会公信力和品牌影响力，体现了民间智库的社会责任与社会担当。四是凝练提取社会话题。零点及时跟踪社会公众关注的热点话题、社会发展进程中凸显出的重点问题等，借助调查研究的专业视角进行分析。

二、"众智"新探索——中创产业研究院

（一）中创产业研究院的起源

2014 年，国务院发展研究中心发表文章《大力推动民间智库发展辅助政府决策》，文章提到：民间智库是推进我国政府决策民主化和科学化的重要力量，其研究成果相对更加独立、公正，同时能够整合更多来自社会各界的智力资源，为政府的决策服务。并且，随着时代的发展与进步，我国逐渐跨入了转型的关键时期，社会多元化带来了政治、战略、体制、社会和改革

等多方面的困惑，尤其需要集思广益、集中各方智慧。在这种情况下，应当大力推动民间智库的发展，辅助政府提高决策水平和社会治理能力。

在此背景下，中创产业研究院于2014年正式成立。中创产业研究院是由国内外著名高校支持、广州创业谷、中大创投和众多知名产业集团联合筹措成立的新型科研组织，是广东省创新协同发展体系的重要组成部分。中创产业研究院聚集创新资源，以"研究产业，服务产业，发展产业"为理念，以服务产业和引领产业创新协同发展为根本，通过开展以战略性新兴产业发展和传统产业转型为主的集中研究攻关，创新体制机制，着力先行先试，力争构建成一个多方建设、体系开放、水平一流的新型研发组织，同时成为广东省乃至全国产业特别是战略性新兴产业发展的重要研究中心和民间智库。

中创产业研究院的基本方向，是着力构建新兴产业发展研究基地和智库。中创产业研究院特别注重把握战略性新兴产业的发展方向，通过合理整合高校、企业和产业集团的资源，对涉及产业结构、产业组织运营、产业政策和产业竞争等展开集中研究攻关，打造中国产业发展智库和产业发展体系。

中创产业研究院最主要的两大功能是为国家产业发展提供智库支持和促进产业投融资活动的高效开展。展开科研攻关、合作交流，不断完善开放共建科研平台的建设，为广东省乃至全国的产业发展提供战略支持，定制产业发展战略、规划和路径，为政府部门、企业和产业集团提供战略管理咨询意见。同时，研究院在研究产业发展的基础上，面向转型产业特别是战略性新兴产业的市场需求，通过创新科研组织机制，加强分工协作和统筹性工作，推进产业研究和项目投融资方案的对接，推动战略性新兴产业的健康发展。

同时，中创产业研究院整合了国内外各大著名高校和产研院科研平台、政府以及企业、大产业集团三大资源，使研究院成为高水平的科研机构共同体、高层次人才的聚集地和创业资源聚集地，实现研究产业、服务产业和发展产业创新机制体制的建立。

（二）中创产业研究院的结构

1. 组织架构

中创产业研究院组织架构清晰明确，设有院长1名，执行院长1名，下设1个秘书处和5个研究所。秘书处有秘书长1名。5个研究所包括风险投资研究所、金融产业研究所、医疗产业研究所、新材料产业研究所和先进制造研究所，这些研究所里包含副院长1名以及研究员若干名（如图6-4）。

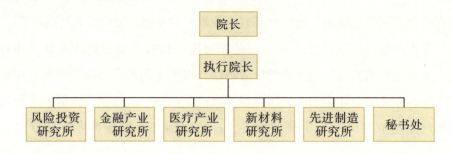

图6-4 中创产业研究院的组织架构

2. 团队成员

中创产业研究院的专家团队具有丰富的产业经验，对行业有深刻理解和丰富的资源积累，并充分集合了来自国内知名高校和研究机构、商贸行业领域专家和产业专家的力量，依托专业背景和多学科交叉研究的丰富经验，长期从事产业升级与协调发展、区域经济发展规划、实体经济发展对策研究等方面的专项研究，致力于为政府机关和行业提供专业解决方案。

（三）中创产业研究院的发展模式

中创产业研究院成立至今，对如何实现"研究产业，服务产业，发展产业"的目标，进行了一系列的有益探索（如图 6-5）。

```
                    ┌──────────────────┐
                    │ 在五大领域深入研究， │
                    │ 为政府、企业和社会提│
                    │ 供智力和资源支持。  │
                    └──────────────────┘

┌──────────────────┐                ┌──────────────────┐
│ 非常重视对外交流，举│                │ 采用创新的用人机制和│
│ 办多场大型论坛，并且│                │ 人才培养方法。    │
│ 和众多的协会、机构建│                │                  │
│ 立联系并产生积极互动。│               └──────────────────┘
└──────────────────┘

                    ┌──────────────────┐
                    │ 重视基础研究能力建设，│
                    │ 产出高质量的研究报告，│
                    │ 而且积极编撰和出版专 │
                    │ 业书籍，形成自身知识 │
                    │ 体系和知识库。      │
                    └──────────────────┘
```

图 6-5　中创产业研究院的发展模式

首先，中创产业研究院坚持独立性、创新性、开放性，搭建公共平台，集聚和整合社会智力资源，结合中创集团的优势，下设风险投资研究所、金融产业研究所、医疗产业研究所、新材料产业研究所和先进制造研究所，在这五大领域深入研究，为政府提供决策咨询、为企业提供智力支持、为社会贡献原创思想，同时也源源不断吸收外部智力和资源，实现良性发展。

其次，中创产业研究院采用一套创新的用人机制和人才培养方法。一方面，研究院依托有经验的骨干员工，但同时又非常重视青年创新性人才的培养，勇于启用新人，着重培养人才的学习力，反省力和执行力。另一方面，研究院的很多研究员不是教授，不是学者，而是一批在职场摸爬滚打多年，有着丰富的产业投资、运营及管理经验的企业家。由于他们了解当前产业面临的实际问题,从而能够从实际问题出发,寻找切实可行的解决办法,实现服务产业、发展产业的目标。

再次,中创产业研究院重视基础研究能力建设,根据自身人才和经验优势,研究院集中力量于特定产业进行专业和深入的研究,避免研究表面化、空洞化。目前,中创产业研究院下设5个研究所,分别为风险投资研究所、金融产业研究所、医疗产业研究所、新材料产业研究所、先进制造研究所。这几个产业研究所不但产出高质量的研究报告,而且积极编撰和出版专业书籍,形成自身知识体系和智库。

最后,中创产业研究院作为一个开放的平台,非常重视对外交流。研究院成立至今,已经成功举办多场大型论坛,并且和众多的协会建立联系并产生积极互动,使平台得到了更多人的认可和了解。今后,研究院将积极和各种官方、半官方和大学研究院合作,取长补短,实现资源与信息的共享,更好地发挥支持政府决策的作用。

(四) 中创产业研究院的研究案例

1. 基于众筹的创新企业孵化培育案例研究

本项目从众筹平台对创新创业孵化培育的服务内容、模式及作用存在差异的角度,将众筹平台的服务模式作了区分。通过对不同服务模式下的案例获得的服务内容及效果对比,并得出结论,从而探索整个众筹行业的持续创新和服务完善之道,为众筹行业同类业务提供一个可借鉴、可参考的模式,促进众筹行业的发展、持续创新和服务水平的提升。

国内外众筹平台的服务模式主要分为三类,即单一模式、半生态模式和全生态模式。

单一模式,即众筹平台仅提供项目方案简单审核、展示宣传、及众筹款项支付通道等服务。由于该模式为创业项目提供的服务较为单一，仅为筹资服务，在服务的纵深上均缺乏延展性，对于各方面资源均缺乏的创业项目而言，吸引力较弱，平台在市场上的竞争力也很弱。

半生态模式，即众筹平台在提供上述单一模式所列的服务之外，会引进一些战略合作方。借助这些合作方，为平台的创业项目提供更多创新创业所需的服务，在服务上往前端（如孵化器）或后端（地方股权交易中心、新三板等）进行了一定程度的延生，提供更广的服务。

全生态模式，即众筹平台围绕创新创业项目的主要需求，将平台的众筹服务进行纵横延生，以达到深度、持续服务创新创业项目，以将其打造成行业领跑者为终极目标的众筹服务模式。

在服务模式分类的基础上，通过在各模式下选取两个典型案例，对不同服务模式对创新创业项目的服务内容及效果进行了分析（如表6-4）。

表6-4 不同服务模式对创新创业项目的服务内容及效果分析

服务模式	经典案例	服务内容及效果分析
单一服务模式	特城邦、孙悟空网	通过众筹平台对项目的服务内容丰富程度、可持续性以及项目后续发展过程中存在的问题进行分析，得出了该模式对于项目的服务能力有限、不可持续，且会对投资人的投资造成很大风险的结论
半生态模式	汽车鹰眼、Wi-Fi万能钥匙	通过对众筹平台提供的服务与单一模式进行对比，发现半生态模式比单一服务模式对创新创业项目的帮助更多，更有利于项目的成长，同时也降低了投资人的投资风险，提升了项目与众筹平台的黏性
全生态模式	温度别墅、乐窝	通过对众筹平台提供的服务与单一模式、半生态模式进行对比，发现全生态模式能有效提升创新创业项目的成活率，并促进项目的快速成长，同时，能为项目提供持续的服务能力，使项目与平台形成非常紧密的利益共同体

通过对上述不同服务模式下的案例分析,我们得出结论,单一模式是众筹孵化培育创新创业项目的初级形式,半生态模式是众筹孵化培育的过渡形式,而全生态模式是众筹孵化培育的高级形式。各众筹平台基于自身资源及所处的阶段不同,全生态模式的构建方式及服务内容也有所差别,从众筹平台的长远发展及对创新创业项目发展的促进作用来说,全生态模式是各众筹平台努力探索的方向。

此研究成果已发表在《财经界》,2016 年第 18 期,117 - 119 页(如图 6 - 6)。

投资理财

基于众筹的创新企业孵化培育案例研究

中创产业研究院 舒元 徐容

摘要: 本文从众筹平台对创新创业孵化培育的服务内容、模式及作用存在差异的角度,将众筹平台的服务模式作了区分。通过对不同服务模式下的案例获得的服务内容及效果对比,得出结论:单一模式是众筹孵化培育创新创业项目的初级形式,半生态模式是众筹孵化培育的过渡形式,而全生态模式是众筹孵化培育的高级形式,并认为,全生态模式是各众筹平台努力探索的方向。

关键词: 众筹 服务模式 企业孵化

DOI:10.16266/j.cnki.cn11-4098/f.2016.18.101

外,会引进一些战略合作方。借助这些合作方,为平台的创业项目提供更多创新创业所需的服务,在服务上往前端(如孵化器)或后端(地方股权交易中心、新三板等)进行了一定程度的延生,提供更广的服务。例如,与孵化器进行合作,为创业项目提供场地及其他孵化服务;与视频制作方进行合作,为创业项目拍摄视频进行宣传等;与外部投资机构进行合作,为创业项目对接投资人等等。

这类模式比单一模式提供的服务更丰富,但毕竟引进的服务多为第三方服务,外生性强,但深度、连续性及质量不易把握,服务的好坏在

图 6 - 6 《基于众筹的创新企业孵化培育案例研究》摘要

2. 上海众筹生态系统研究—大学生众筹平台方案

利用众筹、众包模式,打造大学众筹平台有利于提高大学创业成功率和舒缓社会就业压力。目前基于互联网衍生出了一系列新兴的众筹模式,股权众筹、债权众筹、产品众筹等模式极大地缓解了初创企业的早期资金压力。众筹不只是一个融资的渠道,也是筹集人脉和资源的工具,团队可以通过股权众筹方式完善了团队的架构,引入不同领域的人才,使得团队更加稳定,提高了大学生创业的成功率。同时有利培养大学生创业、创新的意识,缓解

第六章 众智

大学生就业压力,推进中国人才结构的转型。目前,国内外也已经有众多成功的股权众筹平台案例,包括国外的 Kickstarter 和国内的海鳖众筹等,此外有不少的大学生创业团队通过众筹形式完成早期股权的融资,如比逗,酷分期、天使基金网等。

本项目以大学生众筹的实际案例进行分析,结合上海本土众筹平台的运营经验和借鉴中大创新谷和海鳖众筹的成功案例,了解众筹平台对大学生创业的影响分析出现有众筹平台存在的问题,寻找其合适的商业发展模式和成功经验。同时,探寻适用于大学生股权众筹的模式,为搭建大学生众筹平台提供理论依据。

此研究成果已发表在《现代商业》,2016 年第 28 期,181 – 184 页(如图 6 – 7)。

广角 | Wide Angle

上海众筹生态研究——大学生众筹平台

韩海强 邓敬韬 张豆华 中创产业研究院 广东广州 510399

本文是在"上海商业发展研究院"支持下完成

摘要:众筹的出现和兴起,丰富了创新创业项目融资的渠道,不少创业者开始利用众筹进行募资和推广项目。本文从众筹领域选取了一个细分市场——大学生众筹平台进行分析,对上海众多众筹平台、大学生众筹项目进行调研,选取了比逗餐饮、行影户外等大学生众筹项目作为研究对象。其中:
比逗餐饮是中国首家以众筹模式建立的青年共享社区,是中国最大的大学生综合服务提供商之一,其在上海以及各大城市设有餐饮店共10家;行影户外则是一个大学生共同创立的实习游学服务平台,一直致力于组织属于年轻人的新型旅行和有趣的户外活动,为年轻人提供边旅行边实习的机会。
这两个大学生众筹案例,代表了大学生创新创业的新融资模式。此外,利用社交网络把客户、投资人的利益相结合,帮助创业团队引入外部资源,募集早期创业资金,通过股权作为利益纽带,把各方利益联系在一起,提高了大学生创业项目成功率。
关键词:上海;众筹生态;大学生;众筹平台

图 6 – 7　《上海众筹生态系统研究—大学生众筹平台》摘要

3. "互联网 +" 背景下流通领域创新孵化培育案例研究

本项目通过结合实际案例,了解"互联网 +"背景下流通领域在不同细分垂直领域的各自特点和优势,寻找其合适的商业发展模式和成功经验。同时,深入了解创投牵头而开展的投资+孵化的模式在"互联网+"的推动下展现出的优势,并探寻合理的创业孵化模式,为物流领域的模式创新孵化提供理论依据。

国内流通领域的创新模式案例见表6-5。

表6-5 国内流通领域的创新模式案例

项目名称	项目简介	项目亮点
小红书	小红书总部位于上海,是一个社区电商平台。主要包括两个板块,UGC(用户原创内容)模式的海外购物分享社区,以及跨境电商"福利社"。小红书福利社采用B2C自营模式,直接与海外品牌商或大型贸易商合作,通过保税仓发货给用户。和其他电商平台不同,小红书是从社区起家。海外购物分享社区已经成为小红书的壁垒,也是其他平台无法复制的地方。而新一代的社区电商,则将被认为是移动电商的终极形态。小红书的社区中积累了大量的商品口碑和用户行为,这些数据可以保证采购来的商品是深受用户推崇的。小红书用户平均每月打开App超过50次,使用130分钟以上,这是纯电商无法获取的极高价值的底层数据	社区起家、用户原创内容、海外购物分享
出口易	出口易是一家专业的国际仓储与配送物流服务的运营商,也是中国首家专注于的物流服务提供商,旨为跨国电子商务运营商提供面向欧美市场、欧洲市场专业的仓储管理与更好、更便捷、更快速的物流配送服务。出口易也强势推出中英专线等特色服务,这对与跨国物流领域无疑是全新的尝试,专线服务不仅能够帮助客户实现国外卖家的本土化销售,还能进行实时的库存管理与检测,从而缩短到货时间,提高DSR,同时提供一对一的客服专员服务,海外仓储及配送服务为客户提供从包装材料、运送方式、配送、库存管理、eBay销售助理等各个方面为客户提供周到细致的服务	海外仓储及配送服务、特色服务、M2C供销平台

本项目调研对象如表 6-6 所示。

表 6-6　本项目调研对象

项目名称	项目简介
罐头生活（Canlife）	罐头生活（Canlife）是移动应用与网站兼备的家居类用品导购平台，把家居设计与软装融合其中：不是单一地罗列单件商品，而是选用瀑布流的形式呈现一个家居的场景，或是卧室一隅，或是厨房的小角落，甚至是书桌的桌面，在这个整体的场景中，由设计师进行专业搭配，再拍成有美感的照片
Stylemoi	Stylemoi 是一个全球性的快时尚电商，任何人只要有好的风格便能引导潮流。网站最大的亮点是能吸引全球时尚穿搭达人为其提供内容，以提供穿搭灵感的方式连接时代达人和用户。达人在分享穿搭的同时，有作为平台的传播和销售人员，平台也会根据其表现为其提供下个月的穿搭费用赞助，让他们更好地为平台提供内容，这就是一个基于达人分享和内容创造的跨境电商销售生态圈
1号外卖	1号外卖采取"实体店+物流配送"的模式，即通过加盟实体店统一管理方式，实现对产品质量的把控。实体店扩张方面，其采取加盟店控制前期投入成本，利用线上平台管理经营数据，后通过销售端技术和物流配送实现正常运转；在物流建设方面，其从配送品类涵盖用户一天的日常所需，包括早餐、午餐、饮料、咖啡、点心、日用品、鲜花、水果以及夜宵等。其模式类似于便利店的7-11，这是一号外卖从餐饮、快消品等切入生活服务的开端

许多创业团队在合适的孵化育成体系内，形成了有别于普通商业模式设计的流通创新型公司，这些公司如何从一开始项目计划书到后来初步走向市场以及成长为有一定业内影响力的公司，在这个过程中的孵化育成，需要什么协助与指导？我们对以上企业进行调研采访，获得一手真实报告，为后续

企业创新模式,特别是流通领域的模式创新的落地与实践提供最直接的调研结果。此研究成果将于近期发表。

(五) 中创产业研究院其他部分成果

中创产业研究院的研究员发表了多篇原创性研究报告,同时团队成员也出版发行了相关书籍,如《众筹之路》,由舒元、郑贵辉、耿雪辉、徐容著,中山大学出版社出版发行(如图6-8)。

图6-8 《众筹之路》

《众筹之路》完整呈现众筹的现实和未来,总共分为四个部分。第一部分,以互联网金融为切入点,理清众筹的概念、起源、特征和类型,分析众筹在传统产业的重构作用。第二部分,分析国内外不同众筹类型的发展、监管现状及运营模式,解读国内现有的各类众筹平台的运行模式、发展概况以及新格局,为读者构建一幅清晰明了的世界众筹地图。第三部分,也是本书的核心,关于众筹实操部分。结合海鳌众筹的实操经验以及其他众筹平台的经典案例,从众筹平台、项目方及投资者三个不同的角度入手,摆出众筹参与者在实操中可能遇到的问题,针对这些问题的应对策略作深入浅出的分析,同时加以真实案例的立体解读,让实操技巧掌握起来更加容易。此外,该部分还介绍了众筹行业涉及的政策和法律法规,以期让更多人在参与众筹时提高风险防范意识,推动众筹行业的规范化发展。第四部分,基于国内外众多众筹平台的实际运营数据及世界知名研究机构相关研究成果,结合众筹业内人士的判断,预计全球未来具有万亿众筹市场,而国内众筹市场规模也将超过千亿。

中创产业研究院还积极举办相关论坛,分析相关产业政策动向,探讨产业相关技术前景、产业发展的趋势和资源共享的合作机会。通过这些活动搭建开放的交流平台,聚集各行业的专家和精英人士,建立产学研创新联盟、行业创新平台,打通生产、教育、研发、政治、金融、媒体各个环节,提高产业的内在发展动力与持续创新能力,促进产业结构优化升级,加快经济发展方式转变,从而推动各个产业的创新发展。

下面列举了部分所举办的论坛。

1. 首届岭南交通物流论坛

2014年10月15日,由中创产业研究院举办的首届岭南交通物流论坛在深圳举行。本次论坛由广东省交通运输厅、广东省商务厅主办,广东省邮政管理局、深圳市交通运输委员会支持。论坛围绕"跨境电商物流——广东产业走出国门的推手"主题展开。广东省交通厅、商务厅相关领导及企业代表约1 000人参加了本次论坛(如图6-9)。

六众之路
——创新产业孵化探索

图6-9 首届岭南交通物流论坛

2. 首届中国医疗产业高峰论坛

2016年3月31日,中创产业研究院和广东医谷等机构共同举办的"中国医疗产业高峰论坛"在广州琶洲举行。本次论坛嘉宾云集,"千人计划"专家有4位,每个嘉宾都是各自领域的代表性人物,例如中国医师协会肿瘤分会副会长姜文奇,美国杜克大学教授卓越,"千人计划"特聘专家阎海,"千人计划"特聘专家、广州迈普董事长袁玉宇,国家"千人计划"创新人才、深圳理邦副总裁林朝,上海微创医疗器械集团研发副总裁李中华,北京大学生命科学学院教授魏文胜及"千人计划"创业人才、广州瑞博奥生物科技有限公司创始人黄若磐等。一场非官方主办的论坛能吸引到如此众多的,来自全国各地的行业顶级专家齐聚一堂,反映了中创产业研究院的积累取得效果,获得大家的肯定(如图6-10)。

3. 首届珠三角大数据商业实战论坛

2015年11月21日,中创产业研究院举办的"第一届珠三角大数据商业实战论坛"在广州天河起点国际创新工场1层路演大厅成功举办,来自腾讯微众银行、DMK数据、中太服务器、合生元、广州银行信用卡中心等业界精英齐聚一堂,围绕大数据在银行、互联网等行业的应用情况以及发展前景分别发表主题演讲,群策群力研讨构建新大数据驱动商业生态圈,以促进整个商业大数据发展。一并出席企业及单位有:Oracle(中国)、SAS(中国)、宝洁(中国)、东风日产(乘用车)集团、和君资本、广东海运集团、腾讯广州研发中心、广东智慧城市产业技术创新联盟、广发证券、广州银行、航天科工集团软件测试中心、Ucloud、美的集团、南方传媒集团、中山大学、华南理工大学、中国医疗产业联盟(如图6-11)。

图6-10 首届中国医疗产业高峰论坛

图6-11 首届珠三角大数据商业实战论坛

4. 首届岭南养老产业研讨会

2015年4月25日,由中创产业研究院举办的首届岭南养老产业研讨会在岭南堂成功举办。本届研讨会由中山大学岭南(大学)学院主办,论坛主题为"中国、美国、日本、澳大利亚之养老产业经验与趋势"。研讨会邀请了广州市民政局社会福利处处长叶芬女士、广州市社会福利服务协会秘书长钟仕雄先生、广州养老服务产业协会会长陈文广先生、广州友好老年公寓院长徐满祥先生、香港中文大学内科及药物治疗学系教授郭志锐先生、美国长青健康有限公司总裁谢启丰先生、广东上医养生股份有限公司创始人兼总裁侯秋生先生、Sapphire国际控股集团董事总经理凯罗·艾琳女士、寰宇康乐顾问有限公司创办人及董事王天明先生等人做了专业到位的主题分享(如图6-12)。

5. 2016互联网金融高峰论坛

2016年4月28日,由中创产业研究院举办的"2016互联网金融高峰论坛"在中山大学岭南(大学)学院叶葆定堂李荃慧讲学厅隆重举行。此次高峰论坛以"创新、融合、规范"为主题围绕互联网金融行业在新政策环境下各细分行业的现状与未来发展进行了讨论和交流(如图6-13)。

六众之路
——创新产业孵化探索

图6-12 首届岭南养老产业研讨会

第六章 众智

图6-13 2016互联网金融高峰论坛

6. 第二届医疗产业高峰论坛

2016年6月25日，由中创产业研究院和中国医疗产业联盟举办的第二届中国医疗产业高峰论坛在中山大学学人馆举行。此次论坛以"新药估值与投资趋势分析"为主题，来自政府机构、全球生物医药领军企业、产业领袖、顶级投资机构等人员出席了本次论坛，围绕药物项目的评估以及中国医药市场投资分析等方面进行讨论与交流（如图6-14）。

图6-14 第二届医疗产业高峰论坛

7. 第三届中国医疗产业高峰论坛

2016年8月13日，由中创产业研究院和中国医疗产业联盟举办的第三届中国医疗产业高峰论坛（医疗器械专题）在深圳顺利举办。本次论坛以"医疗器械的创新与投资"为主题，来自政府机构、全球生物医药领军企业、产业领袖、顶级投资机构等人员出席了本次论坛（如图6-15）。

图6-15　第三届中国医疗产业高峰论坛

8. 第四届中国医疗产业高峰论坛

2016年9月24日，由中创产业研究院和中国医疗产业联盟举办的第四届中国医疗产业高峰论坛在广州举办。本次论坛以"医疗技术与投资新进展"为主题，来自行业协会、科研院校、医药公司、投资机构等人员就医疗产业宏观走势、政府监管导向、前沿医疗技术及投融资机会等热点议题进行深入交流，共同探讨医疗产业面临的挑战、机遇与发展（如图6-16）。

9. 第五届中国医疗产业高峰论坛

2016年12月3日，由中创产业研究院和中国医疗产业联盟举办的第五届中国医疗产业高峰论坛在上海南翔智地举办。本次论坛以"微创医疗技术与投资新趋势"为主题，来自行业协会、科研院校、医药公司、投资机构等人员出席论坛，围绕微创医疗产业、医疗影像技术等医疗器械细分领域的政策导向、技术发展现状、市场前景及投融资机会等热点议题进行深入交流和探讨（如图6-17）。

图6-16 第四届中国医疗产业高峰论坛

图6-17 第五届中国医疗产业高峰论坛

目前中创产业研究院正在不断成长并逐渐走向成熟，在这过程中也通过一系列举措逐渐实现"研究产业，服务产业，发展产业"的目标，从而成为广东省乃至全国产业特别是战略性新兴产业发展的重要研究中心和民间智库。

三、众智的未来发展之路

中创产业研究院作为"众智"的载体，肩负着引领产业创新、促进产业协同发展的重任，在未来中创产业研究院希望构建成一个多方建设、体系开放、水平一流的新型研发组织，同时成为广东省乃至全国产业特别是战略性新兴产业发展的重要研究中心和民间智库。

（一）吸引人才聚集，加强多方合作交流

民间智库需要扩大影响力，完善自身的发展，通过各种方法吸引人才加入民间智库，并保留原有人才不被流失，从而逐步稳定民间思想库的人员队伍。同时，注重招收各个学科的专业人才，丰富民间智库的研究队伍，使研究能更全面。中创产业研究院在研究院下细分不同领域的研究所，把不同专业背景的研究人员细分到各个所，从而形成专业性的研究，因此各研究所可以根据员工的性格特点以及能力的优势、劣势等分配其合适的工作，以便针对某一特定项目迅速展开研究工作，提高团队的办事效率和研究质量。另外，针对某些综合性的项目应该召集各研究所的优秀人员组成专家小组，从而进行既专业又全面的研究。

中创产业研究院应该加强与官方智库和大学附属型智库之间的合作与交流。官方智库的人员可以更多地了解政府决策过程，有更多机会获取相关信

息，甚至有参与决策的经历经验，民间智库如果能与官方智库沟通合作，或者特邀官方智库人员作为兼职人员，很大程度上能够提高项目研究的可行性，获得政府部门对民间智库的更高关注。同时，中创产业研究院也应该争取与更多的公益基金组织、企业以及个人建立长期的合作互动关系，在能力范围内扩大业务范围，以此获得更多项目合作。当然在此过程中需要注重服务质量，这其中包括研究成果的质量、研究过程中委托机构有关问题咨询回复情况、建立合同关系时预先提供各种书面、电子文件等各类服务项目，高质量的服务才有可能连续取得委托项目，获得更多的资金支持。

（二）提升研究质量，加强推广宣传

民间智库的发展基础就是有高质量的研究成果，因为只有高质量的研究成果才会被广泛引用和推广，所以作为民间智库应该投入较多的时间、精力和资金用以研究，如要把资金更多地用于课题调研、数据调查以及资料查询等方面。另外，要丰富完善研究报告的产出流程，建立包括研究课题提案与签约、咨询准备、研究分析、研究开发、成果评审、成果提交等整套的研究报告管理程序，从而确保我国民间智库研究报告的准确性、提高研究成果的水平与质量。

有了高质量的研究成果后，如果缺少宣传与推广会导致这些研究成果无人问津，从而也使这些研究成果失去宝贵的应用价值。因此如何把这些成果宣传和推广出去，从而扩大自身的品牌声誉和影响，发挥研究成果的作用，体现民间智库的价值，这也是民间智库需要着重考虑的问题。

民间智库还应该与国内外媒体保持联系，建立良好的合作关系。除了报刊、广播电视媒体等传统媒体外，还可以利用目前发展迅速的新媒体建立自己的微博、微信，发起热点问题讨论或者接受网络媒体的个人访问等等，通过类似渠道加强宣传、提高影响力。

中创产业研究院在此方面也有一系列的举措，如定期举办相关主题的论坛或研讨会、发行出版物、发表文章和建立网站。对于这些论坛、出版物和期刊文章等方面也根据实际情况制定了相关的计划和目标，每个研究所每年要举办四次相关领域的论坛，每一年至少要出版一本书籍。这些措施都能够起到一定的推广宣传作用，但是还有许多方面需要进一步改进：随着自身研究方向扩大后，应多举办不同专业领域的会议，或者对自身研究力量较弱的研究项目邀请政府人员、专家学者和民众开展讨论会，通过这类形式扩大人际传播范围，逐步推广研究成果；相关网站由人员设计、更新和维护后，要及时公布最新研究成果；同时积极利用网络视频举行研讨会；通过网络发起相关政策讨论，为思想库研究提供新的思想源泉；与国内影响较大的专业网站建立合作关系，专家在大型公共网站上发表意见，扩大思想传播与交流的范围；建立网络化研究平台，在全球范围内吸收研究人员；向公众征求意见，借助网络塑造公共舆论和政治议程，进而影响政府政策。通过这些措施不仅节约时间和成本，还能够吸引更大范围的人员参与民间智库，让更多的人了解该民间智库。

（三）推进创新驱动，促进创新产业的发展

创新产业是以知识和人才为依托，以创新为主要驱动力，以发展拥有自主知识产权新技术和新产品为着力点的产业，包括节能环保产业、医疗产业、高端装备制造产业、新能源产业和新材料产业等。在产业升级、消费升级的背景下，创新产业将成为经济转型的突破口。

我国从 20 世纪末进入老龄化社会，目前 60 岁以上人口接近 2 亿。2030 年我国将迎来老龄化高峰，老龄人口将超过 3 亿，将是全球人口老龄化程度最高的国家之一。此外人们的健康意识也逐渐增强，医疗产业也越来越受到重视。发展医疗产业不仅可以提高人们体质和生活质量，而且可以让庞大的老龄人口变成扩大内需、推动发展的新引擎。在高端装备制造领域，随着消费结构升级和信息通信的发展，人们对高铁、航空、卫星等产业的发展提出了更高的要求及条件，对这些行业服务的需求也在日益增加，未来广阔的市场需求必将对装备制造业各行业的发展具有重要的推动作用。其次，从高端装备制造各细分领域的市场需求前景来看，预计到2020年航空工业产出可达1.5万亿；卫星产业在我国汽车消费和移动电话消费大国的基础上有无限的市场潜力，未来我国卫星导航产品市场将保持近的高速增长；此外、随着风电、核电、航空、轨道等产业发展，智能装备制造和海洋工程产业也有良好的市场需求条件。

因此从中长期来看，随着创新产业的规模化发展，其将成为中国经济增长的重要引擎。中创产业研究院需要持续关注和重视这些产业的发展，并对其进行深入研究，针对我国国情，对创新产业的发展方向和战略规划提出建设性建议，从而提升产业的创新能力，完善创新环境，加强创新产业的引领带动作用，进一步推动创新产业的发展。

后记

我国的民间智库顺应时代的发展而兴起。虽然目前我国民间思想库的发展确实面临很多的问题与挑战，但机遇与挑战并存。所以从发展方向上，要明确民间智库的发展方向以及角色定位；从外部环境上，政府和社会两方都要给予支持以创造良好的环境；从自身机制上，民间智库需自力更生，不断提高政策影响力、完善管理机制、建立专业的研究队伍等。

引言

  "众育"是探索未来和发展创新的新引擎。在人才为核心资源的时代背景下，发展创新教育便成为驱动创新创业，促进经济发展的基本条件之一。"双创"发展必须与产业发展相结合，即创新创业教育必须与产业发展需求相结合，从产业发展规划以及创新创业思维的角度出发，创新和改革教育的模式和体制，以产业发展为主导，"双创"发展为驱动力，结合产业发展规划，从实际需求出发，转化传统人才，培育实用型创新人才，解放自身创造力，促进创新思维交流和科学技术交流，以实现解放生产力，促进经济增长的最终目的。

第七章 众　育

一、创新驱动实质为人才驱动

随着"双创"浪潮的发展,"双创"已发展到中国经济发展新引擎的新高度。持续浓厚的创业创新氛围,为促进转型升级和经济增长提供源源不断的动力和活力。经济增长本质上是产业结构持续优化升级的过程,"新兴产业的发展"和"产业结构转型升级",都是"双创"这场改革将会给中国社会带来的积极的、根本性的变化。面对国内外形势的新变化、新特点,除了要科学和可持续地发展"双创"事业,还需要实现产业结构优化,推进经济转型升级,将"双创"和产业相结合,推进产业转型升级,促进经济发展方式根本性转变和综合国力再上新台阶、解放生产力等。

然而,解放生产力除了要牢牢把握新一轮技术革命的战略机遇,加快构建与绿色发展、新能源、信息化高度融合的现代产业体系,提升我国在全球产业链中的位置,培育新的竞争优势,坚持技术创新的市场导向,促进科技与经济社会发展深度融合,营造公平竞争和包容宽松的创新环境等以外,还需要重视人才的培育。谁拥有一流的创新人才,谁就拥有了发展创新的优势和主导权。2015 年，习近平总书记在全国人民代表大会第十二届第三次会议的上海代表团审议时强调，创新是引领发展的第一动力，创新驱动的实质是人才驱动。发展创新型人才，解放自身创造力，除了通过创新培育专业技能，锻炼创新创造思维能力，还需要将人才培育和产业实业相结合，从产业发展实际需求出发，在创新实践中发现人才、在创新活动中培育人才、在创新事业中凝聚人才，最终培养造就规模庞大、结构合理、素质优良的创新型人才。

二、教育是发展的源力驱动

（一）创新人才培育方式

发展创新创业事业，要从产业发展的角度出发。所谓"盖有非常之功，必待非常之人"，指根据"双创"和产业的发展需求培育一批具有产业思维，且集高素质、创新创业精神、创新创造能力、项目实践能力等特点于一身的创新型、实践型、通专结合型人才，才能实现以教育驱动"双创"和产业的发展。

创新创业人才的培育方式可以大致分为两个领域，基础培育和转化培育。前者强调"从 0 到 1 到 10"，培育对象在整体能力方面具有培育程度低，零基础或低基础的现象，像一些学生和创客，这些培育对象一开始如白纸一样，通过创新基础培育，有计划地培育成"专业 + 通才"型创新创业人才，而通常进行该类培育的机构多数为高校、创客基地、专类技能培育机构等；而后者强调"从一到 1 到 10"，对有基础的对象先进行转化，然后进行创新创业培育，培育对象通常为传统企业运营管理人才、专业技术专家人才转型的创业者、初创企业运营管理人才，前提是在某个行业领域具有一定实践经验和资源，具有专业技术或专业知识的实践人才，通过从创新思维、跨界思维、产业思维等方面结合资源圈和专业技术项目对接等进行实战培育，而进行这类培育的主要机构是商学院。

（二）基础培育需要创新人才体制机制

传统教育强调专业化，而灵活性不足，专业培养和兴趣培养严重失衡，弱化了学生学习的积极性和主动性。高考过后，许多学生抱着对某种职业的憧憬以及当时环境下某职业专业的发展性来选择专业，一是短时间内未能对该专业有实质的了解，没能从根本出发了解该专业是否适合自己的能力以及性格；其二是受其他条件因素影响大，很多情况下都是从父母的经验之谈出发，未能从学生兴趣出发，加上从小没有培养兴趣爱好的习惯，最终导致上大学后频频发生"选错专业"的情况，一开始就将人才局限于他们不擅长的专业领域里，学生被动接受教学知识，导致从根本上抹杀了学生的创新精神。

从学校教育层面看，很多高校过度注重专业化教育而忽视对学生其他能力的培养，容易使学生变成"考试机器"，主要体现为学生追求高分、学校追求升学率和就业率。从师资层面看，学校评估老师的方法多数以高效传达知识为衡量标准，即提高"教学质量"和"知识传播力度"，最能直观体现老师能力的方式就是学生的考试成绩。学生成绩越高，老师能力越强，导致出现教育的目的是为了应付各种考试，而并非从实际应用出发。应试式教育以考试为主导，学习变得呆板无趣，导致学生减弱对学习的热情，对学习缺乏主动性和积极性，丧失对知识系统的掌握，完全处于表面化知识掌握，不利于学生全面发展。从社会层面看，我国高等教育普遍存在"重理工，轻人文"的现象,未能很好地培养学生的综合素质。高校教育缺乏对学生系统性的职业规划、职业素养培养、职场实践和实际就业等指导,很多课堂知识与社会脱节,课堂的理论性知识无法与企业实际运营的工作相结合,企业不愿意招聘"没能力"的学生,严重影响学生就业。许多高校都会在有限的时间内,将大量的课本知识灌输到学生身上,一方面是为了考试,另一方面能降低教育成本,虽然这样培育出来的学生在知识层面上具有广度和深度,但是教育过程中由于课程设置理论教学多于实践教学,教育未能和社会以及市场的需求发展相结合,所以会导致学生动手能力、实践能力和创新力不足。

所以实现创新驱动发展关键是要创新人才体制机制。一是在教育方面创新人才培养机制。要积极推动教育创新,改革人才培养模式,推动教育与产业需求相结合的人才培养,加强普通教育与职业教育衔接,全面提高人才培养质量。如教育部办公厅在2012年下达关于印发《普通本科学校创业教育教学基本要求(试行)》的通知中指出,在普通高等学校开展创业教育,是服务国家加快转变经济发展方式、建设创新型国家和人力资源强国的战略举措,是深化高等教育教学改革、提高人才培养质量、促进大学生全面发展的重要途径,是落实以创业带动就业、促进高校毕业生充分就业的重要措施。该通知明确地指出高校开展创业教育的必要性和作用,对于深化和加速高校发展和改革创新创业教育具有重要意义。

二是在人才引进方面,创新海外高端人才引进机制。引进人才是解决高层次人才短缺问题最为便捷有效的途径,要制定更加积极的创新人才引进政策,采用多种人才引进方式,广泛吸引海外人才,尤其是海外科技领军和拔尖人才。

三是在人才使用机制方面要创新。要突破人才评价、使用、流动、发挥作用的体制机制障碍,进一步强化利益导向和激励机制,提高科研人员成果转化的收益比例，积极为人才提供脱颖而出、施展才华的机会和平台，形成有利于创新人才成长的良好工作环境。

(三) 提高创新人才转化

国家大力推进高校创新创业教育的发展。通过高校和社会培育机构促进创新创业教育、创客教育、创客创业思维交流以及专类科技技能培训指导等，提高基础培育力度。但基础培育相对于转化教育，其时间性质较为突显，由零基础到培育成为实际运用的创新型人才，需要较长的知识积累和技能培育的时间阶段。同时，在教育过程中要不断根据"双创"的发展需求变革教育模式，在培育成创新创业人才之后还需要与产业结合，进行一个实践运用和市场需求的磨合期，需要一个时间段来验证是否真正能满足促进当前产业发展、转型升级等需求，所以基础培育在"双创"事业发展初期难以突显其优势，而培育的人才往往扮演着新生军和后备军的角色，需要时间的沉淀才可以发展成未来的主力军和源动力。

所以要发展创新创业教育，就应该将"双创"发展和当前产业发展的特质性质相结合，从产业优化升级的角度深化，转化传统行业人才成为创新创业人才，促进传统产业转型升级。如在"双创"发展初期，创新创业教育也处于发展起步阶段，会有"创新创业型人才储备少""传统教育输送人才转化时间长""双创型人才严重满足不了现阶段需求"等阶段性问题。培育创新型人才应该侧重地围绕产业发展需求进行发展调整。要满足该阶段人才需求，根据市场实际进行传统型人才转化培育，针对现阶段创新创业实践人才主体的特性，如人才年龄跨度大、受传统教育程度跨度大、从事工作领域跨度大、创新创业思维吸收能力跨度大等特性，通过大跨度、高转化的创新产业思维教育方式进行高效转化人才，深化推广富有中国特色和符合市场发展的实用性商学院培育方式。如 EDP 项目，由于无学位、课程时期短，可以在短时间有效的改革创新，做到根据市场人才实际需求进行针对性培养供给，适合"双创"事业发展初期的探索和"双创"人才需求的调整培育。还有 MBA 教育，由于 MBA 教育选拔人才是根据各个商学院命题，所以具有一定的灵活性，不同侧重方向的商学院可以根据自身的优势和经验来选拔合适的人才，这样筛选不适合的人才，减少人才资源浪费，极大地发挥人才资源的有效限度。这些都是传统高校无法做到的"灵活性"。

此外，由于商学院可以是以市场为主导，根据产业发展规划和转型升级需求，在短时间内迅速调整课程。同时，学生可以根据课程和师资实力挑选适合自己的商学院，一方面促进教学资源的不断优化来吸引学生，另一方面能通过学员的学后反馈，总结出适合当前市场的人才培养方式，通过优化师资和生源的双优方式，极大地提高人才输送的质量。非常时期应该以非常方式来解决，在现阶段人才需求大且种类不统一的前提下，这些"灵活"变革培育项目可以有效地将现阶段高素质人才根据市场实际需求大量而高效地转化，根据产业构建规划而调整培育初代和可塑的创新创业实践型人才，促进人才架构的深化发展。

（四）传统商学院面临的问题

结合当前产业优化升级需要，提高商学院培育转化人才实际应用能力，是促进创新创业人才转化输送的有效手段。但不论高校创新教育还是商学院，在时代的变革和市场需求的变化中，也会存在许多问题。我国大部分商学院从师资、课程设置、教学方式等方面一直学习西方的模式，但由于国情不同，这些模式在国内出现"水土不服"的情况。如很多商学院沿用的教材是根据国外企业发展的实际情况和实践编写的，教材中举例的企业所在国家的政治制度、社会背景、人文历史、宗教信仰、地理环境等与中国存在差异性，这些企业所运用的经济和管理技能所产生的经济现象会因为环境的不同而产生不同效果，导致学员可能需要投入大量资源才能进行实践转化，直接沿用会存在极大风险和不确定性。

由于国内商学院发展起步晚、商学院良莠不齐等原因，出现了资源难集中、师资存在缺陷等问题，缺少大量符合中国当前经济发展和社会实际需求的教资（简指教材、案例等辅助教学的资料），课程脱离产业发展情况，未能有效结合当前创新创业进行人才需求的有效转化，最终导致传统和普通商学院难以帮助企业家提升自主创新能力，难以培养出创新型企业家。

1. 师资问题

目前在国内商学院里，理论型教师占主要位置。许多专家教授专业能力的主要评判标准是其科研成果。大多教师以科研为目标，花费大部分时间做课题研究，较少参与企业实战管理，缺乏市场实践，脱离产业发展实际情况。他们局限于从书本到书本、从理论到理论的纯学术，缺乏企业实战管理经验，且大多出身传统管理专业，理论和实践未能充分结合，并未起到传授真正有价值的管理经验的效果。

此外，国内商学院师资缺乏国际化、多元化的特点。以大学商学院为例，清华大学经管学院的海外学历教师比例为46%，北京大学光华管理学院的比例为53%，复旦大学管理学院的比例为27%，上海交通大学安泰经济与管理学院的比例为21%，但这些海外教授大部分是拥有海外留学经历的华人，未曾在国外大学中做过教授，而从国外聘请的拥有海外教学经验的都是以客座教授和访问教授身份出现，全职教授更是少之又少。

2. 教资和方法

案例教学在商学院专业课程里是主要的教学内容，是实战性课程的基础组成部分,是培养企业家的有效方法之一。中国案例已颇具规模,但是国内很多商学院的管理教材并未及时更新,教授简单介绍国外管理理念已经不够,需要结合中国产业发展特色来授课。由于许多教授没有实战经验,没有研究过企业管理经验和管理数据,无法自己编写案例,只能"照本宣科",无法引导企业家深入探讨和学习到管理中的实战精髓。当然,教授授课不仅要分析企业成功的案例,更是要分析失败的案例,这样才能培养出善于多视角解析问题的企业家。

目前商学院在教学方法上,采取课堂授课,案例分析居多,互动性不强,学员之间交流不深入,课堂开放度不够,应该让更多的成功企业家来分享他们的企业管理经验,而不仅仅是学院的教授们。由于体制问题,多数学校更看重教授们是否具备高学历和研究水平,并以此作为门槛,导致一部分优秀的实战企业家无法分享其宝贵的经验。商学院应该让学员有全方位的体验,多些互动和交流,例如可以通过一些课堂情景模拟、企业互访、小组咨询项目、课外联谊活动等方式来帮助学员提升自己,达到互相学习的目的。

国内商学院培养出来的企业家或学员也存在缺乏基本的职业道德和素养、缺乏社会责任感等现象,所以商学院授课管理方面还得多注重设置人文方面的课程。中国企业家普遍存在着缺少企业家精神的问题,而创新事实上是体现企业家精神的核心和本质,对企业发展和社会进步都具有决定性的意义。

三、中创学院——众育平台

鉴于传统培育方式存在种种弊端以及未能有效地和市场实际需求相结合,为实现有效的创新创业人才转化和培养,拥有数十年教育经验的教育家,曾创造了国际化通才与创新型专才相结合的人才培育模式,将岭南学院办成了中国最具影响力的商学院的原中山大学岭南学院院长、国际商学院院长、现任中大创投董事长、中创学院院长舒元先生,将多年教育理论与实际市场研究相结合,在全国"双创"的浪潮推动下,以实际行动演绎创新创业,结合产业发展,创办有别于传统教育模式的新型教育机构——中创学院,从模式上创新教育方式开始创新型人才培育的探索之旅。

中创学院成立于2016年,是中创集团的第六个体系——众育体系,是一个探索未来、主动创新,培育创新产业领军人的学院;一个产学研政金媒各种资源整合、协同创新、合作共赢的平台;一个具有"创新、产业、国家、民族"情怀的学院,为创新者、企业家、产业家在不同发展阶段所遇到的瓶颈和问题提供智力和资源支持,是为帮助各行业高层管理人士提高产业新高度而设立的众育平台。

中创学院培育对象侧重于公司初创期、早期发展阶段,渡过死亡谷的种子轮、天使轮创业企业以及需要创新转型升级的传统型企业。当今的高成本使这些中小企业面临严峻的生存危机,但同时这也是企业转型升级的最根本驱动力。高成本下的中小企业,急需创新来实现企业的转型和升级,特别是需要对产品技术、经营及管理的创新,以获取有竞争性的利润(如图7-1)。

但是基于市场现状,企业受困于各种不利因素。如创新驱动的创新人才供给不足、创新思维不足、缺乏产业化思维等,不少企业对产业定位还是停留在劳动力和资源使用的低成本上。同时,创新所需的资金不足、技术方面存在瓶颈,创新需要的社会服务体系不健全、知识产权保护不力、人才流动、技术交流及产权交易不合理、高效平台的缺少打击了企业创新的动力,再加上现有的科研体制对中小企业创新的支持力度不足,创新人才匮乏及老

第七章 众育

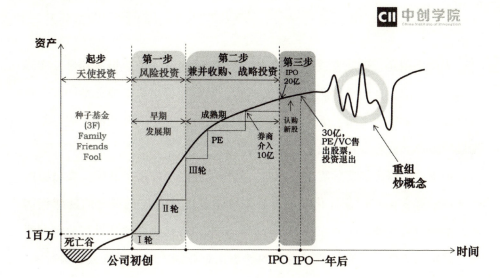

图7-1 中创学院发展流程图

生常谈的融资难，使得不少企业虽然迫切希望能够走上创新之路，却又被挡在过高的门槛之外。

企业是产业转型升级的主体，中创学院意在通过不断总结优秀的管理实践经验和商业模式，为中国的经济转型提供智力支持，为企业发展进行智慧引导和推动，为产业转型升级创造良好的条件，并成为协助企业产业转型升级的助推手。通过基于现代市场的发展及导向，开设具有针对性和系统性的专业化课程，为创业者、企业家、产业家在不同发展阶段所遇到的瓶颈和问题提供智力支持，帮助其不断更新知识体系，以顺应时代发展的变化需求。最终实现"培养更多具有创新思维的未来产业领袖，为转型发展提供智力支持""发挥中创的独特优势，资本助推产业的发展""坚持以校友为本的文化，强调社会责任"的最终使命。

（一）专业的终身学习平台

无论是创客、创业者或企业家、产业家，从萌发一个新想法到研发实践再到项目落地，从组建团队再到发展团队，期间项目销售规模逐渐增大，再发展到企业融资或上市，无论是新项目发展还是企业不同阶段的进展，每个发展阶段都会面临着该阶段相应共通的问题。

中创学院以市场实际需求为导向，紧扣世界经济发展的脉搏，立足中国经济的发展变化和产业优化规划发展，持续改进具有先进理念的新课程体系，结合不同行业的企业家及创业者们的需求，有针对性地开设行业定制课程，制定系统性的教育课程，由国内外杰出企业家、专业投资人、银行家、管理精英、政府领导和专家学者等组成的导师精英团队助推企业的发展。根据"创客、创业者、企业家、产业家、产业领袖"的发展阶段，为包括且不局限于国有大中型企业、公共事业单位、金融机构、民营企业、创业企业等不同企业组织机构，涵盖涉及医疗、农业、新能源等各行业的科创先锋、企业新锐、创客精英服务。为有意向转型升级的传统企业提供系统的课程，帮助他们认知我国朝阳行业或新兴行业的发展动态，为企业转型打下坚实的基础。

中创学院的课程体系追求理论学术性和相关实践性的结合、中国根基和全球视野的结合，采取复合型的教学模式，集发展现状分析、前沿理论讲授、经典案例研究、人性化情景互动、实地参观考察学习为一体。通过理论与实践相结合的体验式教学模式，培养学员的企业领导力和产业领袖精神，力求达到适应未来教育的发展要求，让学员获得独特的学习体验，成为适合各组织及个人的终身学习与交流的高端平台，为企业发展提供知识动力。

（二）三大助推协同造力

中创学院依托"产业深度、市场广度"的精准定位，通过教育培养更多具有创新思维的未来商业领袖和通过资本助推新兴产业的发展，为企业家和创业家提供最先进的产业思维、最高端的人脉圈层、最雄厚的资本投资，真正实现教育助推、人脉助推、资本助推三大使命。

结合中大创投对产业深度、市场广度、资源整合的独特优势，借助资本市场的力量，助推学员企业的发展，促进新兴产业的崛起。中创学院还搭建专业的孵化平台，在物理空间上对培养实战型创业者起到很大的支撑作用。

1. 思想助推

创新教育由思维教育创新开始，根据实业创新实际情况，聚集奋战在创新产业第一线的知名企业家、投资人和专家学者等，组成的强大师资团队助推产业智慧。坚持"产业思维""领袖思维""野蛮思维"的培育方式，从多方面建立培养企业家的前沿知识体系。

（1）产业思维

要长远发展企业，需要抛弃传统商业思维，从产业发展的层面上看待企业的发展，通过产业思维，结合产业发展趋势，整合行业上下游资源，为企业的发展作长远的打算和布局。政府每年都有各种产业引导基金或政府财政政策支持产业发展。但如何形成深层的产业战略思维，构建产业发展架构，探索产业发展的趋势动态，如何整合社会资源等等，便成为企业和企业家发展的壁垒，阻挡着企业和企业家前进的步伐。

针对这一点，中创学院从根源和前沿出发，集聚了一批熟悉各行业产业，并在产业发展上具有实操经验的产业导师来帮助企业家在产业思维和资源对接等方面获得突破，如在产业思维上获得突破，集合社会资源打通产业上下游企业，结合企业家自身的特点取得商业模式的突破，再通过并购或融资，打造产业综合的集团，形成产业生态链，帮助企业家向产业思维方面发展。

（2）领袖思维

一种以培育产业领袖为主导的思维培育方式，培育的最终目的是将培育对象培养成为产业家以及产业领军人物，实现从创客、创业者、到企业家、产业家、产业领袖的培育之路，通过整合产业资源和产业思维方式，有计划地帮助学员渡过每个阶段，实现质的升华，而这也是中创学院的培育目的和特色。

（3）野蛮思维

一种以实战实践竞争为主导的思维培育方式，主张培育对象通过理论和实践相结合，以项目实践落地为主要，通过市场竞争的方式来打磨项目，在不断的竞争攻击中完善项目，查漏补缺。项目以野蛮方式在恶劣的市场竞争环境中成长。通过具有实战经验的导师的培养，集聚野蛮生存发展所需要的资源，最终培育成一批具有创新创业能力和实战实践主义精神，能够在严酷的"沙漠式"市场环境里生存的、具有狼性的人和团队。

2．人脉助推

中创学院强大的师资团队集聚了各行业具有产业思维和实战实践能力的企业家、产业家、各行业专业技术专家、具有创新创业思维的实践先行者、资深投资人、政府领导等，以及相对应行业的明星企业学院、投资机构等等，通过整合各行业上下游资源，以中创学院为主导，构成了企业发展所需的产业人脉和资源圈，促进行业内上下游深度了解以及跨行业的交流碰撞。

3. 资本助推

2011年中大创投经中山大学批准成立，旨在重点支持中山大学科技创新、中山大学校友与社会人士创业成果转化。中大创投发挥中山大学校友的积极性和各种资源，充分利用高校在科技创新、产业研究和人才培养等方面的优势，动员和配置社会资金，支持优秀的项目和企业产品化、市场化和产业化。

中创学院联合中大创投以及其他战略合作投资机构，从资本层面给学员企业提供帮助，包括但不局限于投融资、风险投资基金、股权投资基金和产业并购基金等，通过投资机构和企业构建资本生态圈，构成项目培育输送和资本供给，发现学员项目的潜在价值，帮其注入成长资金，提供增值服务，创造附加价值，助推优秀学员获得更好的发展。为新能源、新材料、新技术、新农业、信息技术、节能环保、医药医疗和新服务等领域具有技术或经营模式创新、具有高成长潜力的企业提供资金服务，以及为企业在发展战略、商业模式、企业制度、专业人才、合作伙伴及重组并购等方面提供专业支持和资源，解决初创期创业企业发展和传统企业转型升级所需要的资金和资源问题，帮助被投资企业快速成长，最终达到助推企业和产业发展的效果。

四、生态发展模式

中创学院通过构建创新型人才培育和转化的生态圈，汇集创新创业教育所需资源，坚定"教育与实业相结合"的教育理念，通过"师资、学员双向选择""产业思维助推""教资国际化和本土化相结合"等培育方式，结合资本机构和孵化机构提供的资源，聚集走在产业前沿且具有实战实践能力的产业家、行业专家、政府领导等,帮助学员实现"从创客、创业者到企业家、产业家、产业领袖"的培育发展之路,最终帮助成长型创业企业发展和传统企业转型升级(如图7-2)。

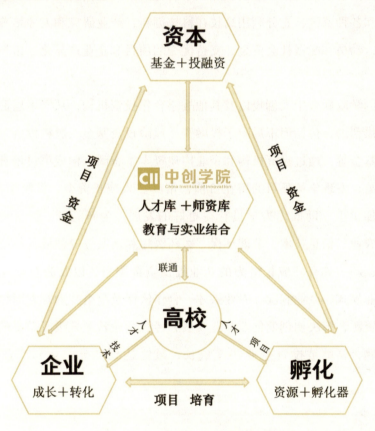

图7-2　中创学院生态发展模式

(一)"产学研政金媒"一体化的教育模式

中创学院坚持"产学研政金媒"的一体化教育模式,强调产业研究和学术研究相辅相成,产业趋势和政府政策导向相辅相成,结合资本运作和媒体宣传，致力于知识和理念的创新，服务学员。在课堂上，通过实战家的思想指导和课堂现场互动解疑，全面提升学员的知识理论水平；在课后，组织导师与学员游学国内外名校和走访明星企业、产业园区，实地考察优秀企业的管理机制与文化，为学员提供集团旗下对应产业孵化园中相关领域先进的实验设备，为其潜在的项目和科技技术的研究与推广做出贡献，完成中创学院的社会责任。

中创学院时刻保持与市场的紧密联系，与各行业协会、组织、企业发展坚实的合作关系，学院与企业相互间形成一种互动互利的"产学关系"，积极为各种产业的企业提供有针对性的、不同层次的教育和培训服务，鼓励企业家创新转型并予以专业指导。希望通过一系列的实用教育模式，为国家经济发展提供管理、技术研发等尖端人才，企业家通过不断从教育中吸取新思想、新成果而带动一批相关产业的成长。

（二）以人为本的教育模式

中创学院致力于创造思想活跃的学术氛围，坚持"以人为本"的教育模式，回归教育的本源，如博洛尼亚大学成立之初，以学生作为核心主导，实现学生自治，根据学生的求学欲望选择师资。所以中创学院建立"以人为本，教师、学员双向选择"的教育模式，学生不仅是课堂的聆听者，也是主导者。中创学院从学生的核心利益出发，赋予学员选择、点评导师和与导师深入交流等权利。同时，在课程组织上，设置学生意见和需求反馈机制，导师讲课围绕学员的需求进行，让学员参与到创新教育的建设当中，做到以市场为主导、学员求知欲为驱动的培育模式。

为了创造更高的顾客感知价值，中创学院希望能更多为学员提供精细化的服务。为了充分做好学员服务，中创学院在学员入学后通过信息管理系统将学员根据行业或职位等因素进行充分的分类研究，针对学员特征尽量根据学员的需求服务，以期提供更到位的教学和管理服务。在课程期间，通过丰富的课程形式帮助学员处理好工作、生活和学习之间的平衡关系。

此外，导师可以根据自己的设想订制课程，并给课程设置门槛，筛选精准培育对象，如深入到某个行业或某个领域在科技趋势、产业趋势、资本运作方式等方面的探讨，垂直领域的深度培育和专业指导。此外，导师和学员通过交流互动可以达成合作关系，导师可以深入到学员的企业，对企业进行深度打磨，同时导师和学员的资源可以很好地产生交集，促成项目的发展。未来中创学院由学者、教授、学员共同参与制定学术性的课程管理，如专业的课程设置、评鉴教员的标准等，充分发挥学员们的自主性，调动他们的积极性，为课堂创造一个活跃、碰撞的环境。同时通过多方面的参与，中创学院更容易了解学员和市场的需求和动态，从根本实际需求出发，结合实业发展需求制定师资和培育方式，致力于为学员提供细致、完善规范的教学服务，以及帮助学员实现事业发展愿景。通过精细化的管理和服务，才能真正实现学员价值的提升，实现中创学院的教育价值和促使中创学院能长远可持续地、循序渐进地发展。

而学员在毕业后能够定期或不定期地收到母校通过多种途径发来的各种资料或活动邀请函，让新老学员产生交集，更好地将资源集聚在一起。

（三）教育与实业相结合的实用模式

坚持"教育与实业相结合"，培育市场需要的、学员希望成为的、对"双创"发展有用的人才。如世界著名的斯坦福大学就坚持着"实用教育"的办学理念，坚持着"造就有文化教养的、有实用价值的公民，这些人在校期间必须为今后各自选择的职业做好准备，以便成就指日可待，以整个人类的文明进步为最终利益,积极发挥大学的作用,创造那些有益于社会的知识,促进社会福祉。"的理念。从实业层面出发,根据社会经济发展的实际需求和产业优化发展的需求培养人才,做到教育从实际出发,将教育和产业结合。而发展符合中国国情富有中国创新创业发展特色的教育也要从实际出发,根据"双创"事业的实际发展,做到教育和创新相结合,为促进"双创"发展输送大批量实用性人才。

坚持"一切以实际出发"为主导的教育模式,从市场发展需求、产业发展需求、创新型人才需求等层面出发,突出"实际利益",对学员和导师的投入负责,维护各方的利益。中创学院作为一个人才和师资的汇集地、一个资源二次运作的机构,可以联合高校和其他研究机构,作为传输的纽带,一方面向这些院校机构反馈市场信息,帮助该类院校机构发展创新创业教育;另一方面通过向企业和市场输送专业技术、专家人才和实验成果,促进高校和科研机构实验成果转化成为市场应用技术或受欢迎的产品,从多维度扩大资源圈,促进教育和实业结合。

五、办学特色

(一) 立足于行业的课程定制及权威名师组建

2015年中国迎来了创新的春天。同年10月,习近平总书记在党的十八届五中全会上提出把创新摆在国家发展核心位置,把创新作为引领发展的第一动力。创新是历史进步的动力,时代发展的关键,把创新提到首要位置,代表了当今的世界潮流。

在中国创新创业国家战略的背景下,中创学院以"创新创业、互助利他、合作共赢"为宗旨,坚持"趋势投资、产业投资、生态系统、聚合创新"的理念,为创客、创新者、创意者、初创企业、成长型企业、成熟企业、上市公司等不同发展阶段不同行业的创业者和企业家、政府和机构提供量身定制的课程。

中创学院立足于行业的发展动向,为有志于创新创业的个人和机构提供培训指导和实战演练,增强交流、合作共赢,推动个人、企业在创新创业发展中不断提升,培养和提升企业在行业中的核心竞争力,开拓企业家、高层管理精英对市场经济的视野以及产业发展思维,加强企业在创新创业大环境下的定位和战略。所以,中创学院会根据不同行业组建不同的专业课程顾问团队。

2016年开展的医疗领军班医疗器械专题课,我们邀请的课程顾问包括:原中山大学岭南学院、国际商学院院长舒元,广东省卫生和计划生育委员会巡视员廖新波,原中山医科大学校长汪建平,分享投资管理合伙人苏振波,美国波士顿科学(Boston Science)大中华地区首席医务官张明东,中国医院协会副秘书长庄一强,中国医师协会肿瘤分会副会长姜文奇,总共7位专家。他们为学员制定课程和深度打磨,以求真正满足学员们的知识体系需求而构建供给。此外,中创学院还聘请不同行业有创新创业实践经验、有行业产业思维、高素质、有理想的企业家、产业家、专业投资人、专家学者等担任讲师,在实战操作和战略模式上进行培育,最终培育成创新型企业家和产业家,帮助创新创业者突破自我局限,促进传统企业转型发展升级,推进产业优化升级发展,为中国经济发展做贡献。

(二)打造人脉圈层,培养产业思维

中创学院通过开设课程,结合导师和学员在"生产、教学、科研、政

第七章　众育

治、金融、媒体"各方面的资源,并通过资源整合,帮助企业打通产业上下游人脉关系,助推各个领域、各个不同发展阶段的创业者、企业家完成向产业家的蜕变,帮助推动传统企业的创新与二次创业,突破传统企业发展局限,优化产业发展架构。

(三) 孵化平台的后备支持

打造创客、创新、创业、产业发展的产业链条,完善的物理孵化空间对企业来说,是坚实的后备力量。中创集团在广州、珠海、上海等地,建造有利于企业及项目孵化的不同针对性的物理孵化空间。

位于珠海的 SME-Lab 全球开放创新中心,是围绕高新技术、新能源、智能技术等前沿科技打造的科技众创空间,通过联合和引进国家检测中心的先进实验设施和实验资源,有效地帮助创客和企业进行科技产品的研发和创新,促进科技成果转化和形成产品,帮助创客、创业者在最短的时间内完善自己的产品,通过接下来的孵化培育以及中创学院的人才输送,达到促进创新创业型企业的快速发展和孵化的最终目的。

在综合性的众创空间方面,有遍布于广州、珠海、上海等地区的中大创新谷。中大创新谷先从海珠区走到其他区,再从广州走向珠三角,现已从珠三角走到国内其他省份。综合性众创空间除了提供基础的创新创业孵化服务之外,还通过服务团队的优势,有效地帮助创业团队进行跨界资源合作与对接,创新创业团队能有效和精准对接到行业外资源,对于创新思维和模式的开拓有着直接作用,而中创学院在这方面也通过不同种类项目搜集不同的资源,包括行业上下游资源以及孵化案例等,有效地提高创新创业培育的发展。

此外,广东医谷是医疗器械和生物技术方面的产业发展的孵化器。对于产业服务系统，有产业金融系统、物流、电商、展示等，在医疗方面还有产品注册、医院的临床实验等服务。

在未来，中创集团还将针对新兴行业建立更多的优质产业孵化园，给更多不同产业的企业提供更专业的物理空间支持。

（四）社会的认可及政府的支持

经过中创学院院长舒元先生的正确指导及中创集团所有员工的努力，中创学院得到政府及社会的支持和认可，其中包括国家科技部、广东省发展和改革委员会、广东省人民政府、中国（广东）自由贸易试验区工作办公室、广东省科学技术厅、广东共青团、广州市科技创新委员会、广州市各区地方政府、南方报业集团、珠海市香洲区地方政府、广州市轻工集团、珠海市高栏港开发区地方政府等。

此外，作为教育行业的一分子，中创学院与国内外各大高校保持紧密的联系，其中包括美国麻省理工学院、台湾淡江大学、澳洲新南威尔士大学、韩国西江大学、上海商学院、中山大学、华南理工大学、暨南大学、厦门大学等，也同样获得这些高校的认可与支持。

六、与 EMBA、MBA 等传统教育的区别

相对于传统商学院的培育方式，在思维培养方面上，中创学院更加注重学员在产业思维和创新思维方面的培育，将创新创业与产业发展相结合，以培养行业领袖为主要目的，通过集聚行业实战企业家、产业家、行业投资精英、政府单位领导等导师团队，结合更具行业针对性的课程内容，让学员更

系统性地学习整个行业上下游的知识。运用创新创业培育模式,把传统教育培育的人才实现高效的转化,培育一批以市场需求为主导,具有创新实践能力的专类通型人才、高新技术人才、企业家和产业家等(如表7-1)。

表7-1 国内某些商学院与中创学院的对比

	国内某些商学院	中创学院
思维培养	领导管理能力	除了领导力,更注重产业思维、创新思维的培育
培养目标	职业经纪人或企业家	产业领袖
课程设置	统一的管理课程、国学课程、资本运作等内容	更具行业针对性的课程内容,使学员更系统地学习到整个行业上下游环节的知识体系
师资团队	多为高校导师	行业实战企业家、产业家、行业投资精英、政府单位领导等
附加增值服务	班级活动,如国内外游学、走访交流、集体休闲活动等。	除了国内外游学、企业走访、班级活动外,我们还能为学员提供资金投资、孵化平台的支持,不定期举办的产业高峰论坛活动等。

七、未来发展愿景

作为中创集团中的"众育"平台,中创学院担任着培育辅助创新创业者发展的社会重任。秉持着中创集团"创新创业、互助利他、合作共赢"的宗旨和"趋势投资、产业投资、生态系统、聚合创新"的理念,中创学院不仅培育了学员的基本领导力,更培养学员产业思维模式,实现为国家培养一批批成功的产业家和行业领袖的美好愿景。

（一）培育产业实战者，打造华南第一商学院

全球经济不景气的大环境反而是中国经济发展的百年机遇。回顾近十年，中国企业进入了规模化发展阶段，开始了完全市场化的运作，并开始关注产业价值链。"建设现代企业制度""产品和服务国际标准化""竞争全球化"，中国企业不再单纯为了"生存"，更多的是追求发展和价值，从野蛮发展到现在的资源优化配置，追求可持续发展，最终体现了产业整合能力和模式的创新。

由于国内很多企业未能将自身生产经营与整个产业生态结合，发展模式脱离产业层面，导致从企业发展的角度出发，这些企业即使拥有优秀的能力，但从产业思维的角度来看，很多方面依然存在缺陷。

中创学院以培育产业领袖为目的、以成为华南第一商学院为目标，通过产业家的战略领导推动产业，实现国家经济的繁荣发展。一位优秀的产业领袖能更好地引导产业持续健康发展，能承担起经营管理模式创新的责任，发展和完善企业自身的经营管理模式，最终引领整个产业的系统变革与创新，推动产业的升级换代。

（二）紧跟创新浪潮，挖掘新兴市场潜力

中创学院是我国科教兴国基本国策和"双创"浪潮相结合的智慧结晶，也是市场经济发展的产物。企业是我国资源的主要配置者，在后金融危机时代，战略性新兴产业应运成长和壮大，已被世界各国赋予了引领新一轮科技革命、摆脱经济危机束缚的历史使命，已成为投资发展的重点。

面对经济新常态、产业转型新机遇，国家新兴产业规模化、集群化发展任重道远，这需要企业家有前驱的领导智慧。中创学院在课程前期筹划准备

第七章　众育

工作中，进行深度的市场调研及理论与实践的磨合，挖掘更多新兴产业的发展潜力，寻找、组建行业匹配的优秀师资团队。依据企业和市场发展的特点与需求，在课程设计上强调实用性，力求开设对企业发展起到具有真正指导意义的课程，使得培训课程越来越贴近市场需求，紧跟创新的步伐，培养更多新兴行业的领导人。

中创学院在教育理念和教育模式上已经完全超越了传统的管理教育。在舒元院长的带领下，中创学院会不断调整和摸索，培养目标越来越清晰。我们知道培育一批成功的产业领袖和创新领导者是需要长时间的培育和各方面资源相辅相成的配合与支持，中创学院将竭尽所能，发挥最大的优势，积极集结更多的资源，坚定不移地完成我们的教育目标和社会使命。

引言

本书第二章至第七章分别对六众平台各自的形成、发展、模式、特点和案例等进行了详细的阐述和剖析，相信能够加深读者对六众平台的认识和理解。但是，六众平台孤立运行发挥不了潜在效用。在当前国内外经济形势不容乐观的大前提下，创新创业成为世界各国推动经济结构转型升级、摆脱社会发展困境的重要引擎。以六众平台为核心，构建形成相辅相成的创新产业综合生态孵化体系，将成为助推创新创业持续健康发展的强动力。

第八章　六众生态——未来社会发展的强动力

一、六众生态，汇聚社会发展新动力

当下，我国正处于经济结构转型升级的关键时刻，旧模式向新常态转变之机，依靠要素投入、需求拉动的传统方式对于促进经济增长的作用已明显下降。要想经济继续保持中高速增长，实现 2020 年全面建成小康社会的伟大目标，必须为产业转型升级开辟新的路径，为中国经济发展寻找新的动力。当前，中国在发展过程中的基础设施建设已经较为完备，未来如何突破发展瓶颈，如何驱动和集聚创新产业，推动经济社会在新常态下的进一步发展，主要依靠"双创"，即创新和创业。

创新与创业是一对孪生兄弟，"双创"正在成为经济社会发展的新引擎。当前，房地产、制造业、基础设施建设投资等传统产业发展下行压力增大，以创新创业带动产业结构转型升级、提升经济发展动力势在必行。

党的十八届五次会议上，习近平总书记指出，"十三五"期间要激发创新创业活力，推动大众创业，万众创新，释放新需求，创造新供给，推动新技术、新产业、新业态蓬勃发展。

第八章 六众生态——未来社会发展的强动力

创新创业，创出的不仅仅是一个个项目，也是一个个创新产业，还是积极转变发展思路，推动经济结构转型升级，实现新常态下经济发展的科学路径。

创新创业是人类历史和社会发展的明智选择。金融危机时期，美国依靠科技创新"转危为机"走出阴霾，韩国依靠技术创新迅速步入知识密集型产业高速发展期从而摆脱困境。而中国也正在将创新创业作为当前经济新旧动能转换的引擎。数据显示，"双创"工作开展以来，中国平均每天新增市场主体约一万家，经济结构也发生着明显的变化。创新产业迅速发展，服务业 GDP 占比进一步加大，新的经济增长点正在快速形成。

值得警醒的是，虽然目前我国"双创"工作初见成效，科技对经济增长的贡献程度也逐步提升，但距离创新型国家的差距还很明显。我们不仅要清醒地认识到创新创业的重要性，还应充分认识到建立创新产业生态孵化体系的重要性。

"六众"生态，以平台为载体，以人为核心，汇众创促创新，汇众扶促创业，汇众包促变革，汇众筹促发展，汇众智促探索，汇众育促成长，形成创业教育（项目孵化与人才培育相结合）、创业研究（创新与创业相结合）、企业孵化（线上与线下结合）及创投基金（孵化与投资相结合）四位一体的创新产业综合生态孵化体系，是创新产业蓬勃发展的必然选择。

"投资+孵化""科技+金融"，提高科技型创业企业成功率。六众生态建立了以"众创平台-中大创投"为主、"众筹平台-海鳌众筹"为辅的全方位投融资体系，解决创业企业融资难的问题；通过"众包平台-庖丁技术"汇集前沿科技创新，与权威科研机构共建开放式科技平台 SME-Lab，整合科技教育、转化、孵化和金融四大板块，促进科技创新与融资需求深度对接，从而帮助科技型创业企业茁壮成长，助力创新产业蓬勃发展。

跨界分享，思维碰撞，催生企业之间发生化学反应。六众生态依托"众扶平台－云珠沙龙"，通过云珠沙龙、云珠风暴会、跨界创新大会等一系列不同层次的跨界交流活动，促进企业与企业之间在有限的空间里发生无限的化学反应，相互借鉴，彼此合作，催生意想不到的创新思维，进而引领整个创新产业发展潮流。

思想聚合，传播理念，培养创新创业人才。六众生态的"众智平台－中创产业研究院"建立了权威的民间智库，汇集知名投资人、国家"千人计划"专家、产业领军人物、首席科学家等专家团队，为科技型创业企业提供专业化的战略咨询与创业辅导，并依托"众育平台－中创学院"，集结具有创新思想、实战经验、产业思维的顶级企业家、投资人、知名学者和创客精英，立足于创新产业的未来，解读传统企业转型与创新发展的瓶颈，培育创新创业人才，传播创新创业文化。

"六众"生态，营造良好的创新产业生态环境，将分散的、不特定的科研资源、人力资源、物资财力等要素与创新创业者进行深入对接，为高效配置各类资源，支持创新创业构建强大的技术和商业基础，推动创新创业向纵深发展，在全社会掀起创新创业的高潮，把创新创业之风吹进企业、吹进高校、吹进科研院所，吹向能够迸发出创业火花的每一个角落，让创新创业在全社会蔚然成风，汇聚社会发展强动力，打造经济发展新引擎。

二、双创发展仍需持续投入与支持

"六众"体系为创新创业企业发展提供了良好的生态环境，也正帮助更多创新企业从0到1，并在向产业化升级。但整个双创大环境下，国内像中创集团建立"六众"体系支持创新创业发展的实践和探索，数量还太少、规

第八章 六众生态——未来社会发展的强动力

模也还太小,远远未达到社会的实际需求。一方面是由于这种独特而富有成效的创新实践,要形成体系,绝非一日两日之功;另一方面,也由于整个社会对此领域的关注与支持尚处于一个较为表面、局部的状态,仅靠部分民营企业及民间资本,力量还很薄弱。因此,为更好地支持双创发展,加快社会转型升级步伐,仍需政府、业界、高校及其他社会各界人士等多方共同努力,除了在意识和观念上更深入认知双创支撑体系的重要性外,同时也需要在政策、资金、人才、资源等方面加大投入。

(一) 健全法律法规及政策支持体系

国内的"创新创业"大潮,与其说是一场自上而下的社会大变革,还不如说是一场上层建筑与下层实践共同推动的变革。既然是一场社会变革,上层建筑和下层实践都在共同推动,那么,一方面,社会发展的内在动力,不断在推动创新创业向前发展;另一方面,为达到事半功倍的效果,上层建筑——国家的法律法规及政策,也应起到相应的促进作用。目前,从国家到地方已经出台了一系列针对双创的政策制度,对双创工作发展起到很大的推动作用,但是由于各行各业正在发生翻天覆地的变化,一些政策存在难落地及与创新实践不匹配等问题,从而无法更好地为创新创业服务。例如,对科技企业孵化器的认定,由于一些地方的认定标准偏于注重形式,比如场地面积、企业规模等,对孵化器的服务等软实力缺乏考量标准,导致一些规模虽小但对创新创业企业能够提供更全面、更为深度服务的孵化空间未能获得相应资质,反而是一些物理空间相对较大而服务欠缺的"二房东"们获得了支持,从而导致资源分配不合理,影响社会人士参与的积极性。另外,部分商事制度、信用体系建设、知识产权保护、人员自由流动、科技成果转移转化等方面政策仍存在滞后现象,很多行业,如互联网金融等,由于相关法律法规不完善，也导致了一系列非法集资、平台跑路等问题，对社会造成严重的不良影响。这种情况下，一方面需要行业提高自律意识，另一方面，也亟需出台相关法律法规进行规范。

因此，建议政府部门出台更多促进双创支持体系——"四众"乃至"六众"体系发展的相关政策、规范。同时，从政策执行的角度多做考虑，避免政策流于形式或执行过程中出现较大偏差，简化各阶段审批流程，努力营造更加公平、更加合理的政策环境。

（二）加大政府引导基金及社会资本投入

社会转型升级过程中，新业态、新模式在起步阶段具有高风险，而其持续发展所需的最重要的支持之一——资本，在社会大众对风险投资意识尚且薄弱的阶段，很难真正及时获取，从而影响这些创新创业企业的成长。为此，政府希望加强风险投资来推动创新创业的发展，出台了一系列配套政策，设立更多支持创新创业的政府引导基金，以期带动更多社会资本的投入。但由于政府相关基金过往多用于支持成熟企业发展，并且受风险、国有资产保值等因素影响，政府引导基金在实际运用过程中并未真正落实到风险投资领域。例如，政府引导基金设立的规模动辄上亿，筛选合作的社会投资机构及其要求的联合基金规模也往往要求规模上亿，而在实际天使投资、风险投资过程中，单个项目的投资额一般在十万到百万级，千万级以上的单次投资相对较小。基金规模过大，导致投资机构压力过大，往往会为了完成任务，而脱离天使投资、风险投资，转而向更成熟、更大规模的项目进行投资。因此，这样往往导致一些PE投资机构更容易拿到政府引导基金，真正做风险投资、天使投资的机构却无法获得支持，进而影响社会资本进入天使投资、风险投资的积极性。

第八章 六众生态——未来社会发展的强动力

基于此,建议政府在设立引导基金政策时,能更贴近社会发展的实际,在基金规模、社会合作投资机构标准等方面进行多样化调整,从而更好地发挥引导基金对于社会资本的引导作用,调动社会资本参与的积极性,进而更好地促进创新创业发展。

(三) 完善人才队伍建设机制

互联网的出现加快了信息的传递,同时也给各行各业带来了巨大的革新,社会需要创新来跟上经济发展、产业变革的脚步。2015 年,习近平总书记在全国人大第十二届第三次会议的上海代表团审议时强调,"创新是引领发展的第一动力,创新驱动的实质是人才驱动"。推进双创事业开展,打造创新产业孵化体系,人才是关键。然而,在社会经济发生巨大变革的今天,传统教育仍偏向理论教育,而实践教育较少,这也导致能够真正满足当前社会经济发展的人才培育力量不足,"众育"之路势在必行。"众育",需要包括政府、企业、高校等在内的社会主体共同参与完成。例如,政府需要制定相关的创新人才引导及奖励政策;企业需要改进过往的人才培养机制,注入创新培育的元素,以更好地适应社会转型升级需要;高校同样面临人才培育机制的调整。

尽管目前政府也出台了一些鼓励创新人才发展的政策,企业、高校也在调整人才培育机制,包括引进创新创业思维及实战培训,但对整个社会而言,这些调整远远跟不上发展需求,相关政策的出台及企业、高校思维调整,也未能真正在培育创新人才方面有重大突破。例如,政策鼓励天使投资,鼓励社会资本向早期创新创业倾斜,并鼓励更多的人才进入该领域。在私募基金从业资格上,相关政策规定,有财务、法律、金融等相关背景的人员,在相关领域的工作年限达到一定程度,即可提供相关证明材料,免试基金从业相关科目，获得基金从业资格；而在实际操作中，相关人员在申请免试资格时，却被告知虽有相关规定，但政府相关部门并未配备审核人员。因此，即使一些人才具有这样的资格，却因政府配套服务不到位，而无法真正享受政策福利，从而制约了急需人才的引进。

因此，建议政府相关部门在制定创新创业人才鼓励政策的同时，能持续完善相关配套措施及人员配置，从而更有利于政策的切实落地；此外，在旧的人才培育机制、体制调整升级过程中，加强创新培育机制引导，并对中创学院这类新型创新人才培育机构增加支持力度，切实改善社会人才结构及供给。

（四）引导各区域创新创业平衡发展

创新创业是推进我国新一轮经济发展的必由之路，也是全国各地产业转型升级之路。双创时代，北上广深等发达城市及地区，在推动双创方面仍然具有项目、资金及人才等各类资源的先天优势。其他地区为推动当地的双创发展，也积极组织当地企业及政府工作人员到发达地区取经。去年以来，中大创新谷因独特的创新创业文化及"六众"体系，吸引了200多批来自国家、省、市等逾万人次前来参观、学习和考察，也确有不少地方政府积极引进中大创新谷的服务及模式，想要更好地推动当地双创发展。然而受地区经济发展不平衡、对双创工作的认识程度、政策支持力度等因素影响，我国双创工作的发展呈现比较明显的区域性失衡。除北京、上海、广州、深圳几个一线城市外，武汉、杭州、南京、成都、厦门等经济发达、高科技聚集、投资活跃的地区创业创新较为活跃。相对而言，地区较偏远、经济欠发达的中西部地区，其产业模式落后、发展创新能力不足、经济效益较低，"双创"的红利更需惠及。然而，人才匮乏、资源短缺、认识不足、扶持难以到位等各种因素限制着这些地区对发达地区先进孵化体系的引进和双创工作的推进。

对此，各地区应当加强政府引导，加大公共服务投入，及时将工商、税务、财政、人社、科技等政府职能部门的服务延伸到孵化载体，通过无偿提供或低价出租等方式提供孵化场地，以政府购买及无偿资助的方式帮助孵化载体降低运营成本，加大对双创活动的财政补贴，引导孵化载体与科研机构、高校、行业协会、龙头企业、社会团队等机构进行服务对接，开展合作研究、学术交流、人才培训等，鼓励引入"六众"等先进孵化体系，培育独具当地特色的双创热土！

三、结语

双创之路，任重而道远。六众体系建设与实践，为更多创新创业者及双创事业建设者提供了更多资源与经验。同时，针对当前双创事业开展存在的问题，各地也可以结合"六众之路"对创新产业孵化的探索，打造符合本地实情的双创体系，满足更多大众创业、万众创新之需，推动经济结构转型升级，摆脱社会发展困境，促进创新创业持续健康发展。

参考文献

[1] 高玉芳. 从 0 到 1 [M]. 北京：中信出版社，2015.

[2] 范伟军，陈晴. 中国的众创空间（2015 报告）[M]. 上海：上海科学普及出版社，2016：13.

[3] 杰夫里·提蒙斯. 创业创造 [M]. 济南：明天出版社，2012.

[4] 环球经理人 mp. 乔布斯的管理哲学：企业使命和苹果营销三原则 [EB/OL]. [2016-12-04]. http://mt.sohu.com/20161204/n474884928.shtml.

[5] 约瑟夫·熊彼特. 经济发展理论 [M]. 北京：中国画报出版社，2012.

[6] 智库百科. 技术创新 [EB/OL]. [2016-12-06]. http://wiki.mbalib.com/wiki/技术创新.

[7] 杨远锋. 创新好的发明与应用：中国思维科学研究论文选 2011 年专辑 [C]. 2012.

[8] 刘守英. 经济长波与创新 [M] 上海：上海译文出版社，1993.

[9] 约瑟夫·熊彼特. 资本主义社会主义与民主 [M]. 北京：商务印书馆，1999.

[10] 林菁. 中国创新创业 2015 年度报告 [R]. 荣硅创业智库，2016.

[11] 中国产业洞察网. 产业集群发展规划的专业方法和专业思路 [EB/OL]. [2012-08-07]. http://www.51report.com/analyst/327027.html.

[12] 刘铁志. 立体实施众扶, 集聚创业创新合力——构建"双创"支撑平台指导意见解读（三）[EB/OL]. [2015-10-08]. http://www.cttl.cn/tegd/zhcyj/201510/t20151008_2129884.html.

[13] 郑州晚报. 2015, 跨界成为经济发展新常态 [EB/OL]. 郑州晚报. [2015-12-31]. http://zzwb.zynews.cn/html/2015-12/31/content_709882.htm.

[14] 刘锋. 威客 (witkey) 的商业模式分析 [EB/OL]. [2006-06-04]. http://blog.sina.com.cn/s/blog_591a83bf010003lf.html.

[15] 魏拴成. 众包的理念以及我国企业众包的商业模式设计 [J]. 技术经济与管理研究, 2016, (1): 36-39.

[16] Saxton G D, OH O, Kishore R. Rules of crowdsourcing: models, issues, systems of control [J]. Information Systems Management, 2013 (30): 2-20.

[17] 赵嘉敏. 嘉敏谈众包: 译言出生记 [EB/OL]. [2015-04-19]. http://www.hbrchina.org/2015-04-19/2893.html.

[18] 郝亚洲. 众包的困境 [EB/OL]. [2012-11-16]. 虎嗅网. https://www.huxiu.com/article/5992/.

[19] DT. 科研社交网络与众包平台研究报告 [EB/OL]. [2013-07-05]. http://www.woshipm.com/it/33312.html.

[20] 虎嗅. 脑力众包听着很有戏, 但猪八戒这类威客网站头疼在哪？[EB/OL]. [2013-01-21]. https://www.huxiu.com/article/9306/1.html.

[21] 发条橙子. 看，又死了一个：那个玩创意众包的 Quirky，怎么说黄就黄了呢 [EB/OL]. [2015-09-23]. https://www.huxiu.com/article/126757/1.html?f=wangzhan.

[22] 华夏时报. 国内众包市场将现井喷 [EB/OL]. [2013-07-11]. http://tech.hexun.com/2013-07-11/156015565.html.

[23] 毛海栋. 美国《众筹条例》评述及其对我国的启示 [J]. 金融法苑. 总第92辑, 2016 (1): 148-160.

[24] 张蓉. 德国股权众筹的现状和立法分析 [J]. 法律与新金融, 2016.

[25] 高旭. 新加坡金融管理局发布众筹监管新规 [EB/OL]. [2016-07-14]. http://www.weiyangx.com/193201.html.

[26] 智研咨询. 2016-2022年中国众筹行业研究及前景预测报告 [R]. 2016.

[27] Massolution. 2015CF 众筹行业报告 [R]. 2016.

[28] 众筹家. 国务院：北京建设互联网金融创新中心！股权众筹融资试点来啦 [EB/OL]. [2016-09-19]. http://www.zhongchoujia.com/article/20591.html.

[29] 众筹家. 众筹行业月报 [EB/OL]. http://www.zhongchoujia.com/data/.

[30] 盈灿咨询. 众筹行业月报 [EB/OL]. http://yingcanzixun.com/date-report.html#tab-site.

[31] 众筹家. 2016年12月众筹行业发展月报 [EB/OL]. [2016-12-31]. http://www.zhongchoujia.com/data/25438.html.

[32] 盈灿咨询. 2016年众12月众筹行业月报 [EB/OL]. [2016-12-31]. http://business.sohu.com/20170105/n477837229.shtml.

［33］韩一萌. 探析金融创新背景下中国科技金融的发展出路［J］. 浙江金融，2013，（5）：45-47.

［34］人创资讯. 中国众筹行业发展报告2016（上）［EB/OL］.［2016-07-22］. http://www.zhongchoujia.com/data/17954.html.

［35］开始众筹［EB/OL］.［2016-12-02］. www.kaistart.com.

［36］品橙旅游. 民宿：众筹之火越烧越旺，热情过后或趋于理性［EB/OL］.［2016-09-29］. http://www.pinchain.com/article/93006.

［37］麦麦. 众筹行业的一股清流——农业众筹［EB/OL］.［2016-09-25］. http://www.weiyangx.com/208573.html.

［38］财联社. 区块链项目DAO将成史上最大众筹项目，概念股引注目［EB/OL］.［2016-05-16］. http://stock.hexun.com/2016-05-16/183887952.html.

［39］第一财经. 金融科技Fintech：伪标签还是真风口？［EB/OL］.［2016-07-19］. http://iof.hexun.com/2016-07-19/185025725.html.

［40］大英百科全书智库定义［EB/OL］.［2015-05-05］. http://www.britannica.com/EB checked/topic/1387159/think-tank.

［41］James G, McGane JG. 2012 Global go to think tank index report［R］. Think Tank & Civil Societies Program, The Lauder Institute, University of Pennsylvania.［2013-2-24］. 15.

［42］上海社会科学院智库研究中心. 2015年中国智库报告［EB/OL］.［2016-01-28］. http://www.sass.org.cn/Default.aspx?tabid=38&ctl=Details&mid=453&ItemID=10568&SkinSrc=［L］Skins/shkxy/shkxy2_1.

［43］金佳厚. 民间智库发展：现状、逻辑与机制［J］. 行政论坛，2014，

(1).

[44] 熊庆年,张珊珊. 一个教育 NGO 的组织生态——21 世纪教育研究院观察 [J]. 现代大学,2010,(4):1-7.

[45] 殷仲义. 民间智库发展——以中国(海南)改革发展研究院为例 [J]. 2013,(3).

[46] 朱贝. 我国民间智库能力建设研究——以零点研究咨询集团为典型案例 [D]. 东北师范大学,2014.

[47] 教育部办公厅. 普通本科学校创业教育教学基本要求 [Z]. 2012-08-01.

[48] 秦健. 加快培育造就创新人才队伍 [N]. 经济日报,2016-10-13.

[49] 韩雪. 中国商学院反思 [J]. 中国民商,2015,(1):28-45.

[50] 高宗泽,蔡亭亭. 斯坦福大学的人才培养模式及其特点 [J]. 外国教育研究,2009,(3):61-65.

[51] 金博. 斯坦福大学在硅谷科技创新中的作用研究 [D]. 哈尔滨理工大学,2014.

[52] 国家发展改革委员会. 2015 年中国大众创业万众创新发展报告 [R]. 北京:人民出版社,2016.

附录1　国务院关于加快构建大众创业万众创新支撑平台的指导意见

国发〔2015〕53号

各省、自治区、直辖市人民政府，国务院各部委、各直属机构：

当前，全球分享经济快速增长，基于互联网等方式的创业创新蓬勃兴起，众创、众包、众扶、众筹（以下统称四众）等大众创业万众创新支撑平台快速发展，新模式、新业态不断涌现，线上线下加快融合，对生产方式、生活方式、治理方式产生广泛而深刻的影响，动力强劲，潜力巨大。同时，在四众发展过程中也面临行业准入、信用环境、监管机制等方面的问题。为落实党中央、国务院关于大力推进大众创业万众创新和推动实施"互联网+"行动的有关部署，现就加快构建大众创业万众创新支撑平台、推进四众持续健康发展提出以下意见。

一、把握发展机遇，汇聚经济社会发展新动能

四众有效拓展了创业创新与市场资源、社会需求的对接通道，搭建了多方参与的高效协同机制，丰富了创业创新组织形态，优化了劳动、信息、知识、技术、管理、资本等资源的配置方式，为社会大众广泛平等参与创业创新、共同分享改革红利和发展成果提供了更多元的途径和更广阔的空间。

众创，汇众智搞创新，通过创业创新服务平台聚集全社会各类创新资

源，大幅降低创业创新成本，使每一个具有科学思维和创新能力的人都可参与创新，形成大众创造、释放众智的新局面。

众包，汇众力增就业，借助互联网等手段，将传统由特定企业和机构完成的任务向自愿参与的所有企业和个人进行分工，最大限度利用大众力量，以更高的效率、更低的成本满足生产及生活服务需求，促进生产方式变革，开拓集智创新、便捷创业、灵活就业的新途径。

众扶，汇众能助创业，通过政府和公益机构支持、企业帮扶援助、个人互助互扶等多种方式，共助小微企业和创业者成长，构建创业创新发展的良好生态。

众筹，汇众资促发展，通过互联网平台向社会募集资金，更灵活高效满足产品开发、企业成长和个人创业的融资需求，有效增加传统金融体系服务小微企业和创业者的新功能，拓展创业创新投融资新渠道。

当前我国正处于发展动力转换的关键时期，加快发展四众具有极为重要的现实意义和战略意义，有利于激发蕴藏在人民群众之中的无穷智慧和创造力，将我国的人力资源优势迅速转化为人力资本优势，促进科技创新，拓展就业空间，汇聚发展新动能；有利于加快网络经济和实体经济融合，充分利用国内国际创新资源，提高生产效率，助推"中国制造2025"，加快转型升级，壮大分享经济，培育新的经济增长点；有利于促进政府加快完善与新经济形态相适应的体制机制，创新管理方式，提升服务能力，释放改革红利；有利于实现机会公平、权利公平、人人参与又人人受益的包容性增长，探索一条中国特色的众人创富、劳动致富之路。

附录1　国务院关于加快构建大众创业万众创新支撑平台的指导意见

二、创新发展理念，着力打造创业创新新格局

全面贯彻党的十八大和十八届二中、三中、四中全会精神，按照党中央、国务院决策部署，加快实施创新驱动发展战略，不断深化改革，顺应"互联网+"时代大融合、大变革趋势，充分发挥我国互联网应用创新的综合优势，充分激发广大人民群众和市场主体的创业创新活力，推动线上与线下相结合、传统与新兴相结合、引导与规范相结合，按照"坚持市场主导、包容创业创新、公平有序发展、优化治理方式、深化开放合作"的基本原则，营造四众发展的良好环境，推动各类要素资源集聚、开放、共享，提高资源配置效率，加快四众广泛应用，在更大范围、更高层次、更深程度上推进大众创业、万众创新，打造新引擎，壮大新经济。

——坚持市场主导。充分发挥市场在资源配置中的决定性作用，强化企业和劳动者的主体地位，尊重市场选择，积极发展有利于提高资源利用效率、激发大众智慧、满足人民群众需求、创造经济增长新动力的新模式、新业态。

——包容创业创新。以更包容的态度、更积极的政策营造四众发展的宽松环境，激发人民群众的创业创新热情，鼓励各类主体充分利用互联网带来的新机遇，积极探索四众的新平台、新形式、新应用，开拓创业创新发展新空间。

——公平有序发展。坚持公平进入、公平竞争、公平监管，破除限制新模式新业态发展的不合理约束和制度瓶颈，营造传统与新兴、线上与线下主体之间公平发展的良好环境，维护各类主体合法权益，引导各方规范有序发展。

——优化治理方式。转变政府职能,进一步简政放权,强化事中事后监管,优化提升公共服务,加强协同,创新手段,发挥四众平台企业内部治理和第三方治理作用,健全政府、行业、企业、社会共同参与的治理机制,推动四众持续健康发展。

——深化开放合作。"引进来"与"走出去"相结合,充分利用四众平台,优化配置国际创新资源,借鉴国际管理经验,积极融入全球创新网络。鼓励采用四众模式搭建对外开放新平台,面向国际市场拓展服务领域,深化创业创新国际合作。

三、全面推进众创,释放创业创新能量

(一)大力发展专业空间众创。鼓励各类科技园、孵化器、创业基地、农民工返乡创业园等加快与互联网融合创新,打造线上线下相结合的大众创业万众创新载体。鼓励各类线上虚拟众创空间发展,为创业创新者提供跨行业、跨学科、跨地域的线上交流和资源链接服务。鼓励创客空间、创业咖啡、创新工场等新型众创空间发展,推动基于"互联网+"的创业创新活动加速发展。

(二)鼓励推进网络平台众创。鼓励大型互联网企业、行业领军企业通过网络平台向各类创业创新主体开放技术、开发、营销、推广等资源,鼓励各类电子商务平台为小微企业和创业者提供支撑,降低创业门槛,加强创业创新资源共享与合作,促进创新成果及时转化,构建开放式创业创新体系。

(三)培育壮大企业内部众创。通过企业内部资源平台化,积极培育内部创客文化,激发员工创造力;鼓励大中型企业通过投资员工创业开拓新的业务领域、开发创新产品,提升市场适应能力和创新能力;鼓励企业建立健

全股权激励机制,突破成长中的管理瓶颈,形成持续的创新动力。

四、积极推广众包,激发创业创新活力

(四)广泛应用研发创意众包。鼓励企业与研发机构等通过网络平台将部分设计、研发任务分发和交付,促进成本降低和提质增效,推动产品技术的跨学科融合创新。鼓励企业通过网络社区等形式广泛征集用户创意,促进产品规划与市场需求无缝对接,实现万众创新与企业发展相互促动。鼓励中国服务外包示范城市、技术先进型服务企业和服务外包重点联系企业积极应用众包模式。

(五)大力实施制造运维众包。支持有能力的大中型制造企业通过互联网众包平台聚集跨区域标准化产能,满足大规模标准化产品订单的制造需求。结合深化国有企业改革,鼓励采用众包模式促进生产方式变革。鼓励中小制造企业通过众包模式构筑产品服务运维体系,提升用户体验,降低运维成本。

(六)加快推广知识内容众包。支持百科、视频等开放式平台积极通过众包实现知识内容的创造、更新和汇集,引导有能力、有条件的个人和企业积极参与,形成大众智慧集聚共享新模式。

(七)鼓励发展生活服务众包。推动交通出行、无车承运物流、快件投递、旅游、医疗、教育等领域生活服务众包,利用互联网技术高效对接供需信息,优化传统生活服务行业的组织运营模式。推动整合利用分散闲置社会资源的分享经济新型服务模式,打造人民群众广泛参与、互助互利的服务生态圈。发展以社区生活服务业为核心的电子商务服务平台,拓展服务性网络消费领域。

五、立体实施众扶，集聚创业创新合力

（八）积极推动社会公共众扶。加快公共科技资源和信息资源开放共享，提高各类公益事业机构、创新平台和基地的服务能力，推动高校和科研院所向小微企业和创业者开放科研设施，降低大众创业、万众创新的成本。鼓励行业协会、产业联盟等行业组织和第三方服务机构加强对小微企业和创业者的支持。

（九）鼓励倡导企业分享众扶。鼓励大中型企业通过生产协作、开放平台、共享资源、开放标准等方式，带动上下游小微企业和创业者发展。鼓励有条件的企业依法合规发起或参与设立公益性创业基金，开展创业培训和指导，履行企业社会责任。鼓励技术领先企业向标准化组织、产业联盟等贡献基础性专利或技术资源，推动产业链协同创新。

（十）大力支持公众互助众扶。支持开源社区、开发者社群、资源共享平台、捐赠平台、创业沙龙等各类互助平台发展。鼓励成功企业家以天使投资、慈善、指导帮扶等方式支持创业者创业。鼓励通过网络平台、线下社区、公益组织等途径扶助大众创业就业，促进互助互扶，营造深入人心、氛围浓厚的众扶文化。

六、稳健发展众筹，拓展创业创新融资

（十一）积极开展实物众筹。鼓励消费电子、智能家居、健康设备、特色农产品等创新产品开展实物众筹，支持艺术、出版、影视等创意项目在加强内容管理的同时，依法开展实物众筹。积极发挥实物众筹的资金筹集、创

附录1　国务院关于加快构建大众创业万众创新支撑平台的指导意见

意展示、价值发现、市场接受度检验等功能，帮助将创新创意付诸实践，提供快速、便捷、普惠化服务。

（十二）稳步推进股权众筹。充分发挥股权众筹作为传统股权融资方式有益补充的作用，增强金融服务小微企业和创业创新者的能力。稳步推进股权众筹融资试点，鼓励小微企业和创业者通过股权众筹融资方式募集早期股本。对投资者实行分类管理，切实保护投资者合法权益，防范金融风险。

（十三）规范发展网络借贷。鼓励互联网企业依法合规设立网络借贷平台，为投融资双方提供借贷信息交互、撮合、资信评估等服务。积极运用互联网技术优势构建风险控制体系，缓解信息不对称，防范风险。

七、推进放管结合，营造宽松发展空间

（十四）完善市场准入制度。积极探索交通出行、无车承运物流、快递、金融、医疗、教育等领域的准入制度创新，通过分类管理、试点示范等方式，依法为众包、众筹等新模式新业态的发展营造政策环境。针对众包资产轻、平台化、受众广、跨地域等特点，放宽市场准入条件，降低行业准入门槛。（交通运输部、邮政局、人民银行、证监会、银监会、卫生计生委、教育部等负责。）

（十五）建立健全监管制度。适应新业态发展要求，建立健全行业标准规范和规章制度，明确四众平台企业在质量管理、信息内容管理、知识产权、申报纳税、社会保障、网络安全等方面的责任、权利和义务。（质检总局、新闻出版广电总局、知识产权局、税务总局、人力资源社会保障部、网信办、工业和信息化部等负责。）因业施策，加快研究制定重点领域促进四众发展的相关意见。（交通运输部、邮政局、人民银行、证监会、银监会、

卫生计生委、教育部等负责。）

（十六）创新行业监管方式。建立以信用为核心的新型市场监管机制，加强跨部门、跨地区协同监管。建立健全事中事后监管体系，充分发挥全国统一的信用信息共享交换平台、企业信用信息公示系统等的作用，利用大数据、随机抽查、信用评价等手段加强监督检查和对违法违规行为的处置。（发展改革委、工业和信息化部、工商总局、相关行业主管部门负责。）

（十七）优化提升公共服务。加快商事制度改革，支持各地结合实际放宽新注册企业场所登记条件限制，推动"一址多照"、集群注册等住所登记改革，为创业创新提供便利的工商登记服务。简化和完善注销流程，开展个体工商户、未开业企业、无债权债务企业简易注销登记试点。推进全程电子化登记和电子营业执照应用，简化行政审批程序，为企业发展提供便利。加强行业监管、企业登记等相关部门与四众平台企业的信息互联共享，推进公共数据资源开放，加快推行电子签名、电子认证，推动电子签名国际互认，为四众发展提供支撑。进一步清理和取消职业资格许可认定，研究建立国家职业资格目录清单管理制度，加强对新设职业资格的管理。（工商总局、发展改革委、科技部、工业和信息化部、人力资源社会保障部、相关行业主管部门负责。）

（十八）促进开放合作发展。有序引导外资参与四众发展，培育一批国际化四众平台企业。鼓励四众平台企业利用全球创新资源，面向国际市场拓展服务。加强国际合作，鼓励小微企业和创业者承接国际业务。（商务部、发展改革委牵头负责。）

附录1　国务院关于加快构建大众创业万众创新支撑平台的指导意见

八、完善市场环境，夯实健康发展基础

（十九）加快信用体系建设。引导四众平台企业建立实名认证制度和信用评价机制，健全相关主体信用记录，鼓励发展第三方信用评价服务。建立四众平台企业的信用评价机制，公开评价结果，保障用户的知情权。建立完善信用标准化体系，制定四众发展信用环境相关的关键信用标准，规范信用信息采集、处理、评价、应用、交换、共享和服务。依法合理利用网络交易行为等在互联网上积累的信用数据，对现有征信体系和评测体系进行补充和完善。推进全国统一的信用信息共享交换平台、企业信用信息公示系统等与四众平台企业信用体系互联互通，实现资源共享。（发展改革委、人民银行、工商总局、质检总局牵头负责。）

（二十）深化信用信息应用。鼓励发展信用咨询、信用评估、信用担保和信用保险等信用服务业。建立健全守信激励机制和失信联合惩戒机制，加大对守信行为的表彰和宣传力度，在市场监管和公共服务过程中，对诚实守信者实行优先办理、简化程序等"绿色通道"支持激励政策，对违法失信者依法予以限制或禁入。（发展改革委、人民银行牵头负责。）

（二十一）完善知识产权环境。加大网络知识产权执法力度，促进在线创意、研发成果申请知识产权保护，研究制定四众领域的知识产权保护政策。运用技术手段加强在线创意、研发成果的知识产权执法，切实维护创业创新者权益。加强知识产权相关法律法规、典型案例的宣传和培训，增强中小微企业知识产权意识和管理能力。（知识产权局牵头负责。）

九、强化内部治理，塑造自律发展机制

（二十二）提升平台治理能力。鼓励四众平台企业结合自身商业模式，积极利用信息化手段加强内部制度建设和管理规范，提高风险防控能力、信息内容管理能力和网络安全水平。引导四众平台企业履行管理责任，建立用户权益保障机制。（网信办、工业和信息化部、工商总局等负责。）

（二十三）加强行业自律规范。强化行业自律，规范四众从业机构市场行为，保护行业合法权益。推动行业组织制定各类产品和服务标准，促进企业之间的业务交流和信息共享。完善行业纠纷协调和解决机制，鼓励第三方以及用户参与平台治理。构建在线争议解决、现场接待受理、监管部门受理投诉、第三方调解以及仲裁、诉讼等多元化纠纷解决机制。（相关行业主管部门、行政执法部门负责。）

（二十四）保障网络信息安全。四众平台企业应当切实提升技术安全水平，及时发现和有效应对各类网络安全事件，确保网络平台安全稳定运行。妥善保管各类用户资料和交易信息，不得买卖、泄露用户信息，保障信息安全。强化守法、诚信、自律意识，营造诚信规范发展的良好氛围。（网信办、工业和信息化部牵头负责。）

十、优化政策扶持，构建持续发展环境

（二十五）落实财政支持政策。创新财政科技专项资金支持方式，支持符合条件的企业通过众创、众包等方式开展相关科技活动。充分发挥国家新兴产业创业投资引导基金、国家中小企业发展基金等政策性基金作用，引导

附录1 国务院关于加快构建大众创业万众创新支撑平台的指导意见

社会资源支持四众加快发展。降低对实体营业场所、固定资产投入等硬性指标要求，将对线下实体众创空间的财政扶持政策惠及网络众创空间。加大中小企业专项资金对小微企业创业基地建设的支持力度。大力推进小微企业公共服务平台和创业基地建设，加大政府购买服务力度，为采用四众模式的小微企业免费提供管理指导、技能培训、市场开拓、标准咨询、检验检测认证等服务。（财政部、发展改革委、工业和信息化部、科技部、商务部、质检总局等负责。）

（二十六）实行适用税收政策。加快推广使用电子发票，支持四众平台企业和采用众包模式的中小微企业及个体经营者按规定开具电子发票，并允许将电子发票作为报销凭证。对于业务规模较小、处于初创期的从业机构符合现行小微企业税收优惠政策条件的，可按规定享受税收优惠政策。（财政部、税务总局牵头负责。）

（二十七）创新金融服务模式。引导天使投资、创业投资基金等支持四众平台企业发展，支持符合条件的企业在创业板、新三板等上市挂牌。鼓励金融机构在风险可控和商业可持续的前提下，基于四众特点开展金融产品和服务创新，积极发展知识产权质押融资。大力发展政府支持的融资担保机构，加强政府引导和银担合作，综合运用资本投入、代偿补偿等方式，加大财政支持力度，引导和促进融资担保机构和银行业金融机构为符合条件的四众平台企业提供快捷、低成本的融资服务。（人民银行、证监会、银监会、保监会、发展改革委、工业和信息化部、财政部、科技部、商务部、人力资源社会保障部、知识产权局、质检总局等负责。）

（二十八）深化科技体制改革。全面落实下放科技成果使用、处置和收益权，鼓励科研人员双向流动等改革部署，激励更多科研人员投身创业创新。加大科研基础设施、大型科研仪器向社会开放的力度，为更多小微企业和创业者提供支撑。（科技部牵头负责。）

（二十九）繁荣创业创新文化。设立"全国大众创业万众创新活动周"，加强政策宣传，展示创业成果，促进投资对接和互动交流，为创业创新提供展示平台。继续办好中国创新创业大赛、中国农业科技创新创业大赛等赛事活动。引导各类媒体加大对四众的宣传力度，普及四众知识，发掘典型案例，推广成功经验，培育尊重知识、崇尚创造、追求卓越的创新文化。（发展改革委、科技部、工业和信息化部、中央宣传部、中国科协等负责。）

（三十）鼓励地方探索先行。充分尊重和发挥基层首创精神，因地制宜，突出特色。支持各地探索适应新模式新业态发展特点的管理模式，及时总结形成可复制、可推广的经验。支持全面创新改革试验区、自由贸易试验区、国家自主创新示范区、战略性新兴产业集聚区、国家级经济技术开发区、跨境电子商务综合试验区等加大改革力度，强化对创业创新公共服务平台的扶持，充分发挥四众发展的示范带动作用。（发展改革委、科技部、商务部、相关地方省级人民政府等负责。）

各地区、各部门应加大对众创、众包、众扶、众筹等创业创新活动的引导和支持力度，加强统筹协调，探索制度创新，完善政府服务，科学组织实施，鼓励先行先试，不断开创大众创业、万众创新的新局面。

国务院
2015 年 9 月 23 日

附录2 政策索引

序号	发文时间	发文名称
		国家政策
1	2006.12.28	《中国银监会关于支持国家重大科技项目政策性金融政策实施细则》
2	2014.10.09	《国务院关于加快科技服务业发展的若干意见》
3	2014.11.16	《国务院关于创新重点领域投融资机制鼓励社会投资的指导意见》
4	2015.01.08	《科技部党组关于落实创新驱动发展战略加快科技改革发展的意见》
5	2015.01.10	《科技部关于进一步推动科技型中小企业创新发展的若干意见》
6	2015.01.20	《中共中央办公厅、国务院办公厅关于加强中国特色新型智库建设的意见》
7	2015.03.02	《国务院办公厅关于发展众创空间推进大众创新创业的指导意见》
8	2015.03.13	《关于深化体制机制改革加快实施创新驱动发展战略的若干意见》
9	2015.04.27	《国务院关于进一步做好新形势下就业创业工作的意见》
10	2015.05.04	《国务院办公厅关于深化高等学校创新创业教育改革的实施意见》
11	2015.06.01	《国务院关于大力推进大众创业万众创新若干政策措施的意见》

（续上表）

序号	发文时间	发文名称
12	2015.06.10	《国务院关于推进大众创业万众创新若干政策措施的意见》
13	2015.07.18	《关于促进互联网金融健康发展的指导意见》
14	2015.09.08	《科技部关于印发〈发展众创空间工作指引〉的通知》
15	2015.09.23	《国务院关于加快构建大众创业万众创新支撑平台的指导意见》
16	2015.12.24	《国家发展改革委 中国科协关于共同推动大众创业万众创新工作的意见》
17	2015.12.31	《推进普惠金融发展规划（2016—2020年）》
18	2016.02.14	《国务院办公厅关于加快众创空间发展服务实体经济转型升级的指导意见》
19	2016.03.17	《中华人民共和国国民经济和社会发展第十三个五年规划纲要》
20	2016.05.08	《国务院办公厅关于建设大众创业万众创新示范基地的实施意见》
21	2016.07.28	《科技部关于印发〈专业化众创空间建设工作指引〉及公布首批国家专业化众创空间示范名单的通知》
22	2016.07.28	《"十三五"国家科技创新规划》
23	2016.09.16	《国务院关于促进创业投资持续健康发展的若干意见》
北京市政策		
1	2010.06.21	《北京市海淀区人民政府关于优化创业环境 支持创业型企业创新发展的实施意见》
2	2011.03.15	《北京市人民政府关于进一步促进科技成果转化和产业化的指导意见》
3	2012.08.03	《关于中关村国家自主创新示范区建设国家科技金融创新中心的意见》
4	2012.10.17	《关于深化科技体制改革加快首都创新体系建设的意见》

（续上表）

序号	发文时间	发文名称
5	2013.09.07	《北京市人民政府关于强化企业技术创新主体地位全面提升企业创新能力的意见》
6	2014.01.09	《北京市加快推进高等学校科技成果转化和科技协同创新若干意见（试行）》
7	2014.11.07	《关于进一步加强金融支持小微企业发展的若干措施》
8	2015.10.19	《北京市人民政府关于大力推进大众创业万众创新的实施意见》
9	2016.09.11	《国务院关于印发北京加强全国科技创新中心建设总体方案的通知》
10	2016.09.22	《北京市"十三五"时期加强全国科技创新中心建设规划》
上海市政策		
1	2010.05.28	《关于鼓励和促进科技创业实施意见》
2	2014.07.02	《上海市人民政府印发关于加快上海创业投资发展若干意见的通知》
3	2015.05.25	《关于加快建设具有全球影响力的科技创新中心的意见》
4	2015.08.08	《关于本市发展众创空间推进大众创新创业的指导意见》
5	2015.08.21	《关于促进金融服务创新支持上海科技创新中心建设的实施意见》
6	2015.10.23	《上海市鼓励创业带动就业三年行动计划》
7	2016.04.12	《国务院关于印发上海系统推进全面创新改革试验加快建设具有全球影响力科技创新中心方案的通知》
8	2016.08.05	《上海市科技创新"十三五"规划》
广东省政策		
1	2012.11.02	《深圳市关于促进科技和金融结合的若干措施》
2	2013.08.14	《广东省人民政府办公厅关于促进科技和金融结合的实施意见》

（续上表）

序号	发文时间	发文名称
3	2015.01.19	《广州市人民政府办公厅关于推进互联网金融产业发展的实施意见》
4	2015.05.27	《广州市人民政府关于加快科技创新的若干政策意见》
5	2015.06.04	《广州市人民政府关于加快实施创新驱动发展战略的决定》
6	2015.06.14	《广州市人民政府办公厅关于促进科技、金融与产业融合发展的实施意见》
7	2015.06.17	《深圳市关于促进创客发展的若干措施》（试行）
8	2015.06.17	《深圳市促进创客发展三年行动计划（2015—2017年）》
9	2015.07.14	《东莞市促进科技服务业发展实施办法》
10	2015.07.16	《广东省科学技术厅关于发展科技股权众筹建设众创空间促进创新创业的意见》
11	2015.08.07	《东莞市加快科技企业孵化器建设实施办法》
12	2016.03.10	《广东省人民政府关于大力推进大众创业万众创新的实施意见》
13	2016.06.14	《广东省人民政府办公厅关于金融服务创新驱动发展的若干意见》
14	2016.08.31	《东莞市莞港澳台科技创新创业联合培优行动计划（2016—2020）》
15	2016.10.11	《广东省人民政府办公厅关于印发广东省建设大众创业万众创新示范基地实施方案的通知》
16	2016.10.17	《东莞市加快科技四众平台建设实施管理暂行办法》
17	2016.11.02	《广东省人民政府关于印发广东省科技创新平台体系建设方案的通知》
18	2017.01.05	《广东省科学技术厅〈关于发展普惠性科技金融的若干意见〉的通知》

（续上表）

序号	发文时间	发文名称
河北省政策		
1	2013.07.25	《关于支持科技型中小企业发展的实施意见》
2	2014.03.20	《关于鼓励和支持全民创业的若干政策》
3	2015.05.28	《关于加快科技服务业发展的实施意见》
4	2015.05.28	《关于发展众创空间推荐大众创新创业的实施意见》
5	2015.05.28	《关于推动科技创新平台和大型仪器设备面向社会开放服务的实施意见》
山东省政策		
1	2015.01.23	《关于加快推动创新型产业集群发展的意见的通知》
2	2015.06.24	《中共青岛市委青岛市人民政府关于大力实施创新驱动发展战略的意见》
3	2015.08.22	《关于加快推进大众创新创业的实施意见》
4	2015.09.18	《关于加快推进全省科技企业孵化器专业化发展的实施意见》
5	2016.07.26	《中共山东省委山东省人民政府关于深化科技体制改革加快创新发展的实施意见》
山西省政策		
1	2008.07.03	《山西省关于促进创业风险投资发展的若干意见》
2	2015.08.27	《山西省人民政府关于实施科技创新的若干意见》
3	2015.09.01	《山西省人民政府办公厅关于发展众创空间推进大众创新创业的实施意见》
河南省政策		
1	2013.05.06	《河南省关于加快自主创新体系建设促进创新驱动发展的意见》
2	2014.12.22	《河南省科技企业孵化器发展三年行动计划（2015—2017年）》

（续上表）

序号	发文时间	发文名称
3	2015.05.15	《河南省人民政府关于发展众创空间推进大众创新创业的实施意见》
辽宁省政策		
1	2015.09.29	《辽宁省人民政府关于发展产业金融的若干意见》
2	2015.11.11	《辽宁省人民政府办公厅关于发展众创空间推进大众创新创业的实施意见》
3	2016.01.20	《辽宁省人民政府关于加快构建大众创业万众创新支撑平台的实施意见》
4	2016.04.29	《辽宁省人民政府关于进一步做好促进科技成果转化和技术转移工作的通知》
吉林省政策		
1	2015.06.08	《关于发展众创空间推进大众创新创业的实施意见》
2	2016.08.05	《中共吉林市委吉林市人民政府关于深入实施创新驱动发展战略的若干意见》
江苏省政策		
1	2006.04.18	《江苏省政府关于鼓励和促进科技创新创业若干政策的通知》
2	2012.06.20	《江苏省政府关于加快促进科技和金融结合的意见》
3	2015.05.14	《南京市关于发展众创空间推进大众创新创业的实施方案》
4	2015.08.18	《江苏省推进众创空间建设工作方案》
5	2015.12.03	《江苏省政府办公厅关于加快科技服务业发展实施方案》
6	2016.08.15	《江苏省政府关于加快推进产业科技创新中心和创新型省份建设若干政策措施》
浙江省政策		
1	2009.03.18	《浙江省创业风险投资引导基金管理办法》

（续上表）

序号	发文时间	发文名称
2	2011.07.15	《关于进一步促进科技与金融结合若干意见》
3	2014.10.16	《浙江省科技厅关于进一步加快科技企业孵化体系建设的若干意见》
4	2014.11.14	《杭州市人民政府关于推进互联网金融创新发展的指导意见》
5	2015.02.10	《浙江省科学技术厅关于印发〈公众创业创新服务行动方案〉的通知》
6	2015.06.26	《浙江省人民政府办公厅关于加快发展众创空间促进创业创新的实施意见》
7	2015.11.30	《浙江省人民政府关于大力推进大众创业万众创新的实施意见》
8	2016.01.14	《浙江省人民政府关于印发浙江省"互联网+"行动计划的通知》
9	2016.07.13	《浙江省人民政府办公厅关于补齐科技创新短板的若干意见》
10	2016.08.01	《浙江省人民政府关于印发加快推进"一转四创"建设"互联网+"世界科技创新高地行动计划的通知》
11	2016.09.28	《浙江省科学技术厅印发〈关于建设"星创天地"的实施意见〉的通知》
	安徽省政策	
1	2001.12.30	《安徽省科技厅关于鼓励科技人员创新创业政策实施办法》
2	2012.06.06	《安徽省人民政府关于深化科技体制改革加快区域创新体系建设的实施意见》
3	2015.06.12	《安徽省加快科技服务业发展实施方案》
4	2016.02.01	《安徽省人民政府办公厅关于全面推进大众创业万众创新的实施意见》
5	2016.06.01	《安徽省人民政府关于推进普惠金融发展的实施意见》

（续上表）

序号	发文时间	发文名称
湖北省政策		
1	2013.02.01	《湖北省人民政府关于深化科技体制改革加快创新体系建设的意见》
2	2013.05.31	《湖北省科技厅关于印发〈科技促进大学生创业就业专项行动方案〉》
3	2014.05.13	《湖北省科技厅支持科技人员创新创业实施细则（试行）》
4	2015.02.21	《湖北省科学技术厅关于深入推进科技创业的十条意见》
5	2015.08.26	《湖北省人民政府办公厅关于发展众创空间推进大众创新创业的实施意见》
6	2015.10.31	《湖北省人民政府关于印发湖北省加快科技服务业发展实施方案的通知》
7	2015.11.30	《中国银监会湖北监管局关于印发〈湖北银行业推动科技金融改革创新的指导意见〉的通知》
8	2016.05.03	《湖北省人民政府办公厅关于进一步深化高等学校创新创业教育改革的意见》
9	2016.09.07	《湖北省人民政府关于加快构建大众创业万众创新支撑平台的实施意见》
江西省政策		
1	2015.07.18	《江西省人民政府关于大力推进大众创业万众创新若干政策措施的实施意见》
2	2016.03.08	《中共江西省委 江西省人民政府 关于深入实施创新驱动发展战略推进创新型省份建设的意见》
湖南省政策		
1	2015.09.11	《湖南省发展众创空间推进大众创新创业实施方案》

(续上表)

序号	发文时间	发文名称
2	2015.10.20	《湖南省大众创业万众创新行动计划（2015—2017年）》
3	2016.06.17	《关于印发〈湖南省促进众创空间发展与管理办法（试行）〉的通知》
4	2016.10.24	《湖南省人民政府办公厅关于加快众创空间发展服务实体经济转型升级的实施意见》
5	2016.12.02	《湖南省人民政府关于印发〈湖南省"十三五"科技创新规划〉的通知》
福建省政策		
1	2012.11.22	《福建省人民政府办公厅关于加快科技企业孵化器建设与发展若干措施的通知》
2	2015.07.12	《福建省人民政府关于大力推进大众创业万众创新十条措施的通知》
3	2015.07.24	《福建省科技创新平台管理办法》
4	2016.04.19	《福建省"十三五"科技发展和创新驱动专项规划》
四川省政策		
1	2014.09.28	《成都市科技创业天使投资引导资金管理暂行办法》
2	2014.09.30	《四川省人民政府办公厅关于印发加快科技企业孵化器建设与发展措施的通知》
3	2015.04.08	《成都"创业天府"行动计划（2015—2025）》
4	2015.05.05	《四川省人民政府关于全面推进大众创业、万众创新的意见》
5	2016.09.22	《四川省促进科技成果转移转化行动方案（2016—2020年）》
贵州省政策		
1	2015.05.21	《贵阳国家高新区关于支持众创空间建设促进大众创新创业的政策措施（创客十条）（试行）》
2	2016.10.19	《省人民政府关于大力推进大众创业万众创新的实施意见》

（续上表）

序号	发文时间	发文名称
		云南省政策
1	2014.06.05	《云南省微型企业创业扶持实施办法》
2	2015.06.20	《关于发展众创空间推进大众创新创业的实施意见》
3	2016.10.15	《云南省人民政府关于加快构建大众创业万众创新支撑平台的实施意见》
		陕西省政策
1	2012.09.10	《陕西省人民政府关于进一步促进科技和金融结合的若干意见》
2	2014.09.28	《陕西省大学生创业引领计划实施方案（2014—2017）》
3	2015.09.14	《陕西"众创空间"孵化基地建设实施方案》
4	2016.03.20	《陕西省人民政府关于大力推进大众创业万众创新工作的实施意见》
		甘肃省政策
1	2015.05.29	《甘肃省发展众创空间推进大众创新创业实施方案》
2	2016.09.30	《甘肃省"十三五"科技创新规划》
		重庆市政策
1	2009.09.01	《重庆市科技创新促进条例》
2	2015.08.20	《重庆市人民政府办公厅关于重庆市发展众创空间推进大众创业万众创新的实施意见》
3	2015.11.11	《重庆市地方税务局关于进一步服务和支持大众创业万众创新政策措施的实施意见》
4	2016.08.19	《重庆市人民政府办公厅关于加快构建大众创业万众创新支撑平台的实施意见》
		天津市政策
1	2010.09.02	《关于加快科技型中小企业发展的若干意见》

（续上表）

序号	发文时间	发文名称
2	2012.12.10	《天津市人民政府进一步促进科技型中小企业发展的政策措施》
3	2013.05.07	《天津市鼓励股权投资企业投资初创期和成长期科技型中小企业补贴办法（试行）》
4	2015.05.11	《天津市人民政府关于发展众创空间推进大众创新创业的政策措施》
5	2015.05.22	《关于构建高校众创空间促进大学生创新创业的实施意见》
6	2015.11.13	《天津市金融改革创新三年行动计划（2016—2018年）》